세계관으로 본 교육

김정효 저

교육과학사

이 책은 2007년도 이화여자대학교 교내연구비지원에 의한 것임

머리말

최근에는 기독교교육책들이 많이 출판된다. 그리고 실제로 기독교세계관에 근거한 교육학 책들은 깊이 있고 감동적이다. 몇 년째 기독교대학교 사범대학에서 기독교교육을 강의해오면서 비기독인 대학생들이 이런 종류의 책을 접하며 피상적으로만 알았던 기독교에 대해 새롭게 긍정적인 인상을 갖는 경우를 보아왔다. 그러나 많은 책들은 번역서들이어서 서구 사회의 맥락에서 기독교교육을 논하고 있을 뿐 아니라 독자를 기독교인이라고 가정하고 쓰여져 있는 경우가 대부분이다. 따라서 이 책들을 교재로 사용하는 경우 강의에서 몇 가지 어려움이 있었다. 첫째는 한국의 기독교교육의 상황에 대해 다시 보충자료를 사용해야 하거나 깊이 있게 다루지 못하는 것이었다. 둘째는 비기독인 예비교사를 상대로 강의를 하다보면 신학적인 깊이가 있는 책들일수록 비기독인들은 기독교적 용어와 논리를 따라가기 너무 어렵다는 것이었다. 이 책은 이러한 맥락에서 한국의 기독교교육에 대해 기독교인이 아닌 예비교사들에게 보다 쉽게 다가갈 수 있는 강의교재가 되기를 바라며 쓰여졌다.

책의 내용은 그간 강의에서 사용해온 한국기독교교육의 실제에 대한 강의자료들과 한국기독교교육에 대해 발표했던 2편의 논문들 그리고 기독교 교육과정과 관련한 특강자료들을 모아 엮은 것이다. 이 책의 구성은 다음과 같다. 1~3장까지는 기독교교육이 무엇이며 어디까지 와 있는지에 대한 원론적인 것이라면, 4~7장까지는 어떻게의 문제를 다루며 기독교사교육과 교육과정문제에 대한 대안을 제시하고 있다.

1장은 현대교육학의 다양한 세계관 가운데 하나로서 기독교세계관을 소개한다. 즉 현대교육학에 존재하는 주요한 두 세계관, 즉 모더니즘과 포스트모더니즘과 함께하는 또 하나의 세계관으로 기독교세계관을 소개한다. 현대적 개념의 기독교교육은 단순히 일반교육에 예배와 성경과목을 더하는 정도의 첨가적 보완으로서의 교육을 의미하지 않고 교육에 대한 또 하나의 전면적인 재조명으로서의 세계관적 대안을 의미한다. 일반교육학에서는 1962년 토마스 쿤(Thomas Kuhn)이 그의 책 '*Structure of scientific revolution*'에서 학문의 인식론의 변화에 대해 패러다임 쉬프트(Paradigm Shift)를 말한 이후, 세계관에 대한 이해는 어려운 일이 아니다. 단지 우리의 행위와 사고에 배어 있는 무의식적 사고의 틀 즉 세계관을 객관화하는 것이 어려울 뿐이다.

2장은 한국 근대초기(1885~1909) 기독교학교교육이 성립할 당시 선교사들에 의한 기독교교육의 모습을 소개함으로써 우리사회의 기독교교육의 뿌리를 찾고 현대 기독교학교회복의 이정표를 더듬어 보고자 한다. 이는 비기독교인들에게도 근대 우리 사회의 성립에 기독교교육이 이룩한 기여를 인식하게 하고 기독교세계관에 의한 교육이 현대 사회에서도 실제적이고 강력한 대안으로 받아들일 수 있도록 하는 데에 도움이 될 것이다.

3장은 우리나라 공교육제도하에서 기독교교육의 가능성을 탐색한다. 우리사회 교육법과 국가교육과정의 틀에서 기독교교육을 어디까지, 어떻게 할 수 있는지에 대해 제시하며, 기독교교육 가운데 하나님의 나라가 확장될 미래의 가능성과 그리고 더불어 우리가 겸손히 명심하여야 할 기독교교육 실현의 한계에 대해 논의한다.

4장에서는 기독교사에 대해 주목하면서 재교육의 문제와 아동의 신앙발달에 대해 다룬다. 5장은 기독교교육에서 교육과정의 문제를 어떻게 보아야 하는지 그리고 일반교육학의 교육과정개발이론이 어떻게 기독교교육과정 개발에 사용될 수 있는지에 대해 다룬다. 6장에서는 기독교 교육과정이론을 소개한다. 7장은 실제 기독교세계관에 입각한 교육과정개발 사례를 소개한다. 사례학교는 본인이 교장으로 있는 학교로서 여기에는 두 가지 차원의 논의가 있다. 하나는 전 학교적으로 기독교교육과정개발이 어떻게 미션스쿨의 기독성의 회복을 가져왔는가 하는 것과 교육과정차원에서 기독교세계관의 적용이 어떻게 교사차원에서 의미를 가지는가 하는 것을 보여준다.

도저히 책을 쓸 만한 시간적 여유가 나질 않는 상황이었지만 우리가 생각하고 행한 것을 기록으로 남기는 일이 중요하다고 조언하셨던 폴팽(Paul Pang) 박사님을 기억하며 용기를 내었다. 좋은 책을 쓰기 보다는 기록으로 남기자는 소박한 의도로 시작한 책이 자꾸 욕심을 부려 불량이 늘어나게 됨에도 불구하고 자료를 정리하고 편집하는 데 수고를 아끼지 않고 도움을 준 나의 제자들에게 감사한다. 기독교 교육과정 이론 정리와 교육과정 사례 정리를 맡아 해준 이해지 선생, 그리고 모든 편집을 마지막까지 도맡아 해준 채란, 그리고 쉐퍼를 정리해준 이효영, 그리고 교육과정 이론을 정리해준 김신래에게도 감사의 마음을 전한다. 또한 종교적 성격의 책이지만 마다하지 않고 흔쾌히 출판해준 교육과학사 김동규 사장님과 이정호 편집장님께 감사한다.

2009. 12

우리의 교육 가운데 하나님의 나라가 회복되기 바라며

김정효

차 례

01 세계관과 교육

1. 세계관이란?
2. 다양한 세계관과 교육
3. 기독교세계관과 교육

현대 교육학분야에는 다양한 세계관이 존재한다. 이 가운데 모더니즘과 포스트모더니즘이 주요 세계관이다. 현대교육학에 존재하는 이 두 세계관과 더불어 또 하나의 세계관으로 기독교세계관이 있다. 기독교교육은 단순히 일반교육에 예배와 성경과목을 더하는 정도의 첨가적 보완으로서의 교육을 의미하지 않는다. 교육에 대한 또 하나의 전면적인 대안을 의미한다. 따라서 세계관의 이해는 기독교교육을 이해하는 데에 중요하다. 일반교육학에서는 1962년 토마스 쿤(Thomas Kuhn)이 그의 책 'Structure of scientific revolution'에서 학문의 인식론의 변화를 패러다임 쉬프트(Paradigm Shift)로 설명한 이후 세계관에 대한 이해는 어려운 일이 아니다. 단지 우리가 기반으로 하고 있는 자기 자신의 세계관에 대한 이해 즉 우리의 행위와 사고에 배어 있는 무의식적 사고의 틀을 객관화, 언어화 하는 것이 어려울 뿐이다.

1. 세계관이란?

세계관(worldview)이란 용어는 독일어 단어 'Weltanschauuing'을 번역한 것으로, 세계(Welt[세계])를 보는(schauen[보다]) 틀이란 뜻이다(낸시 피어슨, 2006).

낸시 피어슨(Nancy Pearcey, 2006)에 의하면 세계관이란 말은 독일의 낭만주의에서 비롯된다. 이들은 문화란, 복합적인 총체로서 그 전반 -공식 철학뿐 아니라 예술, 문학, 사회제도 등-에 걸쳐 삶에 대한 특정한 조망이나 시대정신이 표현되어 있다는 사상을 발전시켜왔다. 따라서 어떤 문화의 소산을 이해하는 최선의 길은 거기에 표현된 저변의 세계관을 파악하는 것이다. 그런데 문화라는 것은 역사의 흐름에 따라 변하기 마련이므로, 세계관이란 용어의 본래 용법은 상대주의를 내포하고 있었다. 이 단어는 나중에 아브라함 카이퍼(Abraham Kuyper)와 헤르만 도예베르트(Herman Dooyeweerd) 같은 화란 신칼뱅주의 사상가들에 의해 기독교 진영에 소개되었다.

일반교육학에서는 1962년 토마스 쿤(Thomas Kuhn)이 그의 책 'Structure of Scientific Revolution'에서 학문의 인식론의 변화를 패러다임 쉬프트(Paradigm Shift)로 설명한 이후 패러다임 즉 세계관에 대한 이해는 교육학도들에게는 더 이상 어려운 일이 아니다. 단지 우리가 기반으로 하고 있는 자기 자신의 세계관에 대한 이해 즉 우리의 행위와 사고에 배어 있는 무의식적 사고의 틀을 객관화, 언어화 하는 것이 어려울 뿐이다. 일반 교육학에서는 교육사상의 변화가 교육과정에 대한 새로운 조망을 요구하였고 교육과정분야에서는 세계관 혹은 패러다임에 의한 재개념화는 주요한 이슈가 되어 왔다. 교육과정이 기반으로 하는 다양한 세계관은 실증주의, 해석학, 비판이론, 구성주의(포스트모더니즘) 등으로 대별된다.

세계관은 흔히 사상 혹은 철학과 구분없이 사용되어지기도 하지만 철학이전에 세계를 바라보는 의식적, 무의식적 틀을 의미한다. 철학과 구분하게 될 때에는 철학은 보다 체계적으로 실재론, 인식론, 가치론의 체계로 구성된다. 그리고 실재론은 기독교 철학에서는 실재를 넘어서는 우주의 기원, 신, 인간 등에 대한 체계적인 답변으로서 형이상학론이 되어진다. 따라서 죠지 나이트(George Knight)는 기독교철학은 형이상학론, 인식론, 가치론으로 구성된다고 하였다.

낸시 피어슨(Nancy Pearcey, 2006)에 의하면 기독교적으로 세계관이란 문자 그대로 세계에 대한 관점이자 성경에 입각해서 모든 실재를 보는 관점을 말한다. 나아가 세계관은 세계를 잘 항해하는 법을 일러주는 마음의 지도와 같다. 그것은 하나님의 객관적 진리를 우리의 내면에 새기는 것을 말한다.

2. 다양한 세계관과 교육

1) 다양한 세계관들

교육을 설명하는 사상체계에는 철학의 흐름과 같이 수많은 사상체계들이 있어 왔다. 그러나 현대 교육을 설명할 수 있는 사상체계는 크게 두 가지로 대별될 수 있다. 그 하나는 실증주의(positivism)를 특징으로 하는 모더니즘이고 또 하나는 실증주의 이후에 다양한 사상체계 즉 실존주의, 현상학, 해석주의, 그리고 비판과학, 구성주의 등을 거쳐 최종적으로 나타난 포스트모더니즘이라고 할 수 있다. 그런데 이 두 세계관은 더 상위수준에 있는 서구의 두 사상체계인 히브리즘과 헬라이즘 중 헬라이즘에 속한 것이다. 그 동안 일반 교육학이론에서는 헬라이즘에 속한 사상체계내에서만 논의가 이루어져왔다. 그러나 현대 기독교철학의 거장인 프란시스 쉐퍼(Schaeffer, 2006)에 의하면, 현대 사상은 이분법, 이원론에 의하여 하나님 밖에서 인간의 자율성을 추구하면서 한계에 부딪히게 되었다고 본다. 절대적 진리와 그것에 대한 믿음을 잃은 현대인들은 하나님을 벗어난 자율을 추구하는 합리주의로 하나님이 자리해야 할 부분에 인간의 합리주의를 놓았고 이를 통해 진리를 발견하려는 노력은 필연적으로 실패할 수밖에 없었다.

그러나 기독교세계관에서는 하나님이 절대 진리이시고 이 세계는 그가 창조하신 피조물이라는 하나의 통일된 체계이며 이성적인 설명을 가능하게 하는 완벽한 논리이자 철학이 가능하다. 인간은 아담의 죄로 인하여 의지와 지성 모두가 타락했음(total corruption)에도 불구하고 전적으로 타락(absolute corruption)한 것이 아니므로 사랑, 합리성, 의미에 대한 욕망, 비존재에 대한 공포 등을 가지고 있어서 통일된 세계를 추구할 수 있다. 그리고 하나님의 형상대로 지으심을 받은 인간은 하나님이 주신 세계 안에서만 자유로울 수 있다. 그러나 현대인들은 하나님이 아닌 것에서 자율과 진리를 추구했기 때문에 세계의 의미와 하나의 통일된 완전한 논리를 찾으려는 노력이 헛되며 불가능하다는 것을 발견하게 되었다.

현대 사회를 지배하고 있는 포스트모더니즘 사상은 절대 진리는 존재하지 않으며 따라서 개인의 의견이 모두 수용될 수 있음을 기본 가정으로 한다. 포스트모더니즘 사상 안에서 개인의 사고와 행동은 자유롭다. 소위 내 말도 맞고 네 말도 맞는 것이다. 얼핏 보면 이 사상은 모든 사람의 자율성과 관점을 포용할 수 있는 유연한 철학사조로 보일 수 있으나 이것은 더 이상 생각하는 힘으로서의 철학이 존재하지 않음을 보여주는 것이다.

이러한 포스트모더니즘은 토마스 아퀴나스(Thomas Aquinas) 이래로 세상을 이분법으로 나누고 상층부의 논리를 이성적으로 밝혀내지 못하고 비이성적으로 도약함으로써 그 둘 사이에서 통일된 논리를 발견하려고 애썼던 헛된 노력의 결과라 할 수 있다. 이는 한편으로는 하나님께서 성경의 절대 지식을 가지고 인간에게 합리적으로 사고할 수 있는 이성을 주신 것에 대한 포기라고 할 수 있다.

이러한 포스트모더니즘이 팽배한 사회에서 교육은 어떤 것을 가르쳐야 하는가? 절대적 진리가 없다고 가정하는 사조 아래에서의 교육은 개인의 의미구성만을 강조할 뿐 그 결과가 진리인지 아닌지는 관심을 가지지 않는다. 따라서 현대 사상과 마찬가지로 교육은 표류할 수밖에 없는 것이다.

다음 〈표 1-1〉은 현대의 주요 사상체계와 기독교세계관을 인본주의와 신본주의로 대별하여 교육학의 주요한 요소 즉 진리관, 학습관, 아동관, 교육과정, 도덕교육 등의 요소별로 비교한 것이다.

모더니즘은 하나님을 배제하고 인간이 하나님께 속한 존재가 아닌 자율적인 존재임을 강조한다. 모더니즘의 인간은 이성을 최고의 것으로 여기며 이성을 통하여 객관적으로 존재하는 진리를 알 수 있다고 믿는다. 또한 이 지식은 과학적으로 증명 가능하며 가치중립적인 성격을 띤다고 주장한다. 따라서 이러한 지식을 발견할 수 있는 합리적인 방법인 과학은 절대적 권위를 가지게 된다. 모더니즘에서 학습자는 이성적인 존재이며, 이 이성을 가지고 사고할 수 있다는 면에서 주체적이다. 학습자들은 불변의 객관적 진리를 담고 있는 문서화된 교육과정을 배우게 되고 교육과정 안에서의 가치는 객관적인 것이 아니고 사적인 것이기 때문에 다루기 힘들다. 그래서 도덕교육은 절대적 가치를 다루기보다는 현대 사회에서 시민으로서의 역할을 다할 수 있도록 하는 수준에 그친다.

포스트모더니즘은 객관적이고 불변하는 절대 진리를 주장하는 모더니즘에 반대하여 나온 것이다. 포스트모더니즘에서는 지식의 다원성을 주장한다. 여기서도 인간은 하나님께 속한 존재가 아닌 자율적인 존재라는 맥락에 의존한다. 개별적 의미 구성자들인 인간은 그가 처한 맥락에 의해 다양하게 지식을 구성한다. 그리고 이러한 지식 생성에는 사회적 합의를 거치는 것이 필요하다는 입장과 합의를 위한 의사소통자체가 불가능하다고 하는 입장들이 있다. 그러나 포스트모더니즘에서 개별 학습자들은 다양한 앎의 방식을 통하여 지식을 구성해 가고 이는 역사와 사회적 맥락이 변함에 따라 변할 수 있기 때문에 모더니즘적 절대 지식을 담고 있는 교육과정은 더 이상 존재하지 않는다. 학습자들 간의 합의된 경험이 교육과정으로서의 의미를 지닐 뿐이며 도덕교육 혹은 가치의 문제는 다양한 입장들이 있기 때문에 학교 교육이 편파적이지 않기 위해서는 배제되어져야한다.

반면에 모더니즘과 포스트모더니즘이 인간의 자율성을 강조한 인본주의 사상이라면 기독교세계관은 하나님을 모든 것의 중심으로 보는 신본주의 사상이라 할 수 있다. 기독교세계관에서 진리란 하나님이며 단일하고 불변하는 것이다. 또한 진리 혹은 지식은 인지적인 것일 뿐만 아니라 성경에서 예수님이 내가 진리 (요 14:6)라고 하였기 때문에 인격적 즉 전인적인 것이다. 인간은 유한한 존재이기 때문에 이성만으로는 진리에 이를 수 없다. 왜냐하면 인간의 타락으로 인하여 세상의 모든 것들은 왜곡되어 있기 때문이다. 그래서 인간의 이성과 더불어 성령을 통하여 학습자들은 진리인 하나님을 알아가게 된다. 따라서 학습이란 단순히 인간의 적극적, 자율적 인지활동이 아니라 하나님께서 보여주시는 범위 내에서 성령님의 깨닫게 하심의 도움을 받아 하나님과 창조세계에 대해 알아가는 과정이다. 그러므로 기독교세계관에서 학습자는 자신의 인식과정을 의지적으로 하나님의 계시와 성령님의 도우심 아래둔다는 의미에서 적극적 수동자라고 할 수 있다.

그러므로 기독교세계관을 배경으로 하는 교과과정은 단순한 객관적인 지식체계라기 보다는 창조세계와 하나님에 대해 알아가고 하나님께 대해 반응하는 통로가 된다. 그러므로 각 교과과정은 성경과 연결된 교육과정 문서가 필요하다. 그러나 지식이 인지적인 앎 이상의 것으로 인격적인 것이라고 할 때, 교육과정은 교사와의 관계에서 아동이 경험하는 모든 것이 될 수 있고 이러한 의미에서 기독교적 교육과정은 교사중심교육과정이라고 할 수 있다. 또한 학습자들은 도덕교육에서 보면 양심이라고 하는 도덕적 인식력을 가지고 태어나고 이는 교사들로부터 강화되어야 하기 때문에 교사의 책임을 강조한다고 할 수 있을 것이다. 이를 정리하면 〈표1-1〉과 같다.

<표 1-1> 현대주요사상체계와 기독교세계관

	인본주의		신본주의 기독교세계관
	모더니즘(실증주의)	포스트모더니즘	
진리관 (존재론)	법칙과 같음. "거기"에 객관적으로 존재함으로 이성적 합리적 실증적 방법으로 발견할 수 있음. 단일함. 불변함, 중립적	다양함. 시공에 제한됨. 사회적 상징(언어)에 의해 구성됨. 변할 수 있음. 가치 함의적임	진리이신 하나님. 인격적임(예수). 단일하고 불변함. 유한한 인간의 이해는 제한적임
앎의 방식 혹은 학습 (인식론)	이성 양화하여 파악함(통계)	다양한 앎의 방식: 이성. 감성. 직관. 육감. 신적인 직감	성령의 계시와 이성. 성령의 인도 아래 우리의 다양한 영역들이 작용함으로-학습의 주체는 성령. 인식의 한계가 있지만 복음에 대해서는 확증함
아동관 (학습 자관)	이성적. 독립적. 주체적 인간. 자아실현의 존재. 경쟁력을 가져야 하는 경제인(worker)	사회문화적인 맥락에 존속된 자. 절대적 자유와 기쁨을 추구. 개별자(부족주의)	진리이신 예수님 안에서 안식하는 자 (적극적 수동자) 학습의 동기를 받은 자. 하나님을 영광스럽게 하는 자
교육 과정	문서(절대진리)	경험(합의된)	문서수준의 교육과정이 필요. 교사는 살아있는 교육과정 (living curriculum) 성경과 연결된 문서 거룩한 삶을 살 수 있도록 하는 대안적 기독교세계관
도덕 교육	학교교육에서 시민교육수준으로	학교교육에서 배제됨. 혹은 도덕에 대한 다른 정의 "자신에게 의미있는 어떤 것"	도덕적 인식력은 타고남(양심) 강화할 책임이 양육자에게 있음. 구원 이후의 삶은 섬김의 삶. 도덕적 삶은 최상의 삶의 양식

2) 철학과 기독교세계관

그러면 어떻게 우리는 성경적 진리와 하나님을 우리의 이성적 논의에서 밀어내게 되었는가, 즉 모더니즘을 거쳐 포스트모더니즘으로 귀착되었는가? 그 동안 서구의 사상체계에는 어떠한 일이 있어왔는가? 이에 대해 쉐퍼(Schaeffer, 2006)는 「이성으로부터의 도피」(Escape from reason)에서 현대사상에로의 귀착은 인류의 이성으로부터의 도피였음을 다음과 같이 설명한다.

자연과 은총

중세 기독교철학의 대표자인 토마스 아퀴나스(Thomas Aquinas)는 '자연과 은총'이라는 이원론적 개념을 다음과 같이 가지고 있었다.

은총, 상층부	창조주 하나님, 하늘과 하늘에 속한 것들, 보이지 않는 것과 이것이 땅에 미치는 영향, 인간의 영혼, 통일성
자연, 하층부	피조물, 땅과 땅에 속한 것들, 보이는 것과 자연과 인간이 이 땅에서 하는 일, 인간의 육체, 다양성

출처: Schaeffer(2006), P.14

아퀴나스는 상층부와 하층부 간의 통일 개념을 가지고 있었기 때문에 은총과 자연 사이에 완전한 불연속이 존재하지는 않는다. 그러나 그가 인간의 의지는 타락하였으나 이성은 타락하지 않았다는 불완전한 타락을 주장하면서 르네상스의 인본주의적 요소들이 나타나게 되었다. 아퀴나스의 견해에 따라 인간은 이성 측면에서

독립성과 자율성을 가지게 되고 이는 하나님의 계시로부터 분리된 자연신학, 철학, 미술의 발달을 가져와 15, 16세기 르네상스가 그 절정에 달할 무렵에는 자연이 은총을 몰아내고 말았다.

그러나 자연과 은총의 문제에 대하여 종교개혁은 르네상스와는 완전히 반대되는 대답을 제시했다. 종교개혁은 성경에서 말하는 완전한 타락을 인정하며 오직 하나님만이 자율적이라고 주장했다. 그러므로 궁극적인 규범이 되는 지식에는 분열이 없다. 오직 성경과 믿음만이 있을 따름이다. 성경은 하나님에 관한 지식과, 인간과 자연에 관한 지식에 대한 열쇠를 제공한다. 우리는 성경을 기초로 하여, 비록 완전한 지식은 아니지만 참되고 통일된 지식을 소유한다. 종교개혁을 통하여 우리가 알 수 있는 것은 하나님께서 '상층부'와 '하층부'에 관하여 성경을 통해 말씀하고 계시며 그리스도가 양 영역을 다스리신다는 것이다. 상하층의 양 영역에 하나님께서 계시하신 것에 근거한 통일성을 가지고 있었기 때문에 르네상스에서 다룬 '자연과 은총'의 문제는 없었다. 그렇다고 해서 예술과 과학에 대한 자유가 없었던 것이 아니라 계시된 규범 안에서 가능한 참된 자유를 향유할 수 있었다는 것을 기억해야 한다.

절망선

프란시스 베이컨, 코페르니쿠스, 갈릴레오, 케플러, 패러데이, 맥스웰 같은 초기의 과학자들은 이성적인 우주를 창조하신 이성적인 하나님이 계시고, 따라서 인간은 이성을 사용하여 우주의 형상을 발견해 낼 수 있다고 믿은 기독교와 견해를 같이했다. 그러나 루소와 칸트의 시대에 와서 역사는 하나의 새로운 전기에 도달한다.

아퀴나스에서 시작된 자율 사상은 합리주의의 발전을 가져왔고 상층부에 자리하던 은총은 사라지고 그 자리를 자유가 대신하게 되었다. 이 자유는 구원을 필요로 하지 않는 자유일 뿐만 아니라 절대적인 자유를 의미했다. 이것은 상층부와 하층부를 갈라놓는 분계선이 더 두텁게 되는 결과를 낳았다.

자유
자연

출처: Schaeffer(2006), P.44

지금까지 서양의 철학 학파들은 세 가지 중요한 원리를 공통적으로 가지는데 이는 현대인의 형성과정을 잘 이해하기 위해 필요하다.

첫째, 현대인은 인간이 절대적, 전적으로 자기 자신에게서 출발하여 개별적인 것에 대한 지식을 종합하여 보편적인 것을 형성한다는 면에서 합리주의자였다. 둘째, 그들은 합리적인 것을 신봉하여 이성의 타당성에 대한 인간의 갈망이 충분한 근거를 가지고 있다는 것을 기초로 행동하였다. 셋째, 철학자들은 하나의 통일된 지식의 영역을 구축할 수 있다는 희망을 항상 버리지 않았다.

이후 현대철학 사상에 중요한 영향을 준 인물은 헤겔이다. 헤겔 이전의 모든 철학자들의 추구한 것은 다음과 같다. 어떤 사람이 모든 사상과 삶을 포괄한 하나의 체계를 세워놓으면, 그 다음 사람이 이것은 해답이 아니라고 하면서 자신이 하나를 제시하겠다고 말한다. 또 다음 사람이 와서 똑같은 패턴으로 이것은 해답이 아니고 자신이 말한 것이 해답이라고 한다. 따라서 철학사 연구는 즐겁지 못한 것이 당연하였다. 그런데 칸트 시대에 와서 합리주의의 합리적 가능성은 막다른 골목에 이르게 되었다. 즉 합리주의적 전제에서 출발하면 상층부와 하층부가 완전히 단절되고 만다는 사실이 이 시대에 와서 드러나게 된 것이다. 칸트와 헤겔은 현대인에 이르는 관문이 된 셈이다. 그렇다면 헤겔은 무엇이라 말하는가?

헤겔은 명제-반명제의 견지에서 해결책은 항상 그 둘의 종합이 되는 것으로 생각해야 한다고 주장했다. 이것은 세계를 변화시켰다. 절대적 진리로서의 진리는 사라지고 대신 명제와 반명제, 두 가지 모두를 종합하는 상대주의가 나타나게 된 것이다. 헤겔에 이어 등장한 키에르케고르는 통일된 지식의 영역에 대한 희망을 포기한다. 그는 상층부가 이성으로 이해가 되지 않는 데에 상심하게 된 인간은 도약으로만 즉 신앙으로만이 상층부에 도달할 수 있다고 보았다. 현대인은 지식과 삶에 대한 통일된 해답을 바라던 희망을 포기하고 합리주의와 자율적인 반항을 고집하게 되었다. 그 공식은 다음과 같다.

$$\frac{\text{신앙}}{\text{합리성}}$$

출처: Schaeffer(2006), P.56

다음 [그림 1-1]에서 철학의 흐름을 보면, 화살표는 시간의 흐름을 의미하며 계단은 각기 다른 학문 분야를 의미한다.

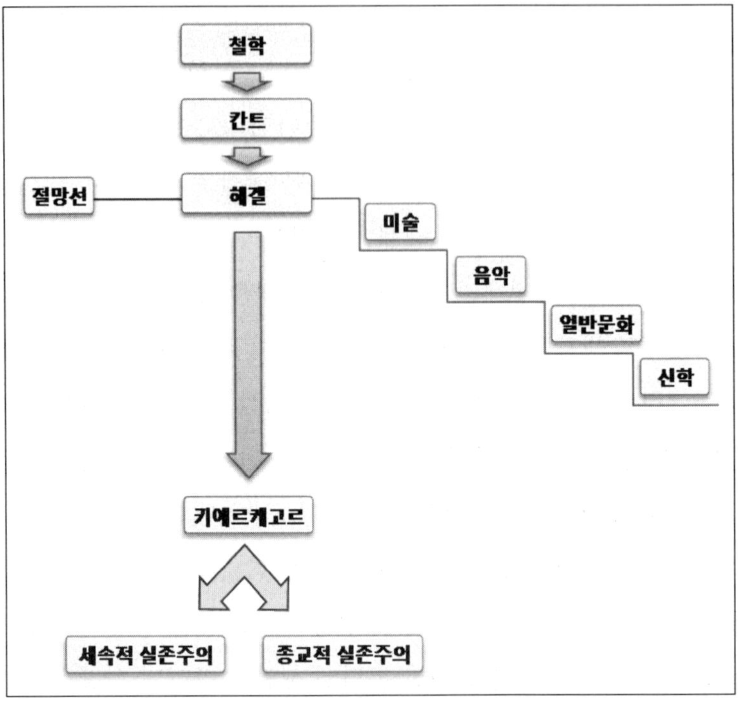

[그림 1-1] 철학의 흐름(출처: Schaeffer, 2006, P.56)

칸트에서 자연과 보편자와의 틈이 현저하게 벌어지게 되었고, 키에르케고르에서는 상하층부 두 영역을 연결하는 접촉점에 대한 희망이 사라지게 되었다. 하층부에서 모든 이성을 근거로 볼 때, 인간다운 인간은 벌써 죽었다. 인간은 다만 수학, 개별자 그리고 기계를 다룰 뿐이다. 인간은 아무런 의미나 목적을 지니고 있지 않다고 말한다. 인간다운 인간에 대해서는 비관론이 있을 뿐이다. 그러나 상층부에는 비합리적, 비이성적 도약을 근거로 한 비이성적인 신앙이 있다. 이것은 낙관론을 허용하는데 이것이 바로 현대인들의 철저한 이분법이다.

이 새로운 사고 방법은 세 가지 방식으로 퍼져나갔는데, 첫째, 지리적으로 보면 독일에서 퍼져나가기 시작하여 화란과 스위스, 영국 그리고 미국으로 퍼져나갔다. 둘째, 이후에 다른 계층으로 각각 퍼져나갔다. 이것은 맨 처음 지성인들에게 영향을 주었고, 다음에는 대중매체를 통해 노동자계층으로 침투해 갔다. 셋째, [그림 1-1]에 나타난 대로 철학, 미술, 음악, 일반문화 등 각 분야에 퍼졌으며, 신학에까지 침투해 갔다. 예를 들면, 미술에는 반 고흐(1853~1890), 고갱(1848~1903), 세잔느(1839~1906) 등을 들 수 있고, 20세기에 접어들면서 등장하는 후기 인상주의 화가들을 들 수 있다. 음악에는 드뷔시(1862~1918), 문학에는 엘리어트(1888~1965), 그리고 신학에는 칼 바르트(1886~1968) 등이 있다.

[그림 1-1]에서 헤겔 옆에 절망선이라 표현한 절망이란, 지식과 삶에 대한 통일된 해답을 바라던 희망을 포기하는 데서 오는 것을 말한다. 현대인들은 통일된 해답에 대한 합리적 희망을 저버리는 한이 있더라도 합리주의와 자율적인 반항을 고집하고 있다고 볼 수 있다. 이전에는 지성인들이 합리성과 통일된 지식의 영역에 대한 희망을 포기하지 않았다. 그러나 현대인들은 통일에 대한 희망을 포기하고, 이제까지 인간이 갈망하던 것이 전혀 가능성이 없다고 생각하는 절망 가운데 살고 있다.

정리하자면, 우리는 인간이 상층부에서 자유를 얻기 위하여 애쓰는 것을 볼 수 있다. 이때 추구하는 자유는 무제한의 절대적 자유로 인간을 규제할 하나님은 없고 심지어 보편자도 없다고 볼 수 있다. 그러므로 개인은 전적인 자유를 가지고 자신을 표현하려고 한다. 그러나 그러면서도 그는 동시에 기계 속에 빠지는 저주를 느낀다. 이것이 바로 현대인들의 갈등이라고 말할 수 있다.

도약

오늘날 고전적 의미의 철학은 존재하지 않는다. 사람들은 더 이상 중요한 질문들에 대한 이성적인 해답을 얻을 수 있다고 생각하지 않는다. 합리주의자와 인본주의자는 기독교는 충분히 합리적 종교가 아니라고 전제하고 시작한다. 현대인은 도약함으로써 합리성을 떠나고 이성을 떠나, 상층부에서 해답을 찾는다.

개인은 무제한의 절대적 자유를 가지고 자신을 표현하려고 하지만 동시에 기계가 되어가는 끔찍함을 느낀다. 예술 영역은 이러한 긴장의 다양한 예를 보여준다. 인간은 그 사실을 모르지만 타락한 인간의 본성을 표현하고 있으며 그것은 하나님의 형상으로 창조되어 훌륭하나 지금은 타락된 것이다. 인간이 자율성을 가지고 그의 자유를 표현하려고 애쓸수록 그의 예술은 무의미하고 추한 것이 된다.

합리주의자들은 어떠한 종류의 통일이나 합리적 해결을 위한 희망도 발견하지 못했다. 푸코는 결론에 가서는 루소를 따르고 있음을 발견하다. 즉 자율적 자유의 궁극은 미치는 것이라는 것이다.

비합리적인 것 –	참자유는 미치는 것 인격적 하나님은 없음
합리적인 것 –	인간은 죽었다 하나님은 죽었다

출처: Schaeffer(2006), P.97

이와 같은 원리는 급진주의 신학에서도 발견된다. 즉 하층부의 인간 뿐 아니라 하나님 역시 하층부에서는 죽었다는 것이다. 오늘날 신앙의 영역은 합리적이며 논리적인 것이 아니라 비합리적이며 비논리적인 것, 다시 말하면 검증할 수 있는 것이 아니라 검증할 수 없는 것이 되었다.

오늘날 우리에게 시급한 일은 현대 사상을 총체적으로 이해하고 이원론과 이분법 그리고 도약을 정확히 인식하는 것이다. 상층부는 우리가 보아온 것처럼 많은 형식을 취해왔다. 현대 사상의 본질은 상층부에 사용되는 단어의 형태는 중요하지 않다는 사실에 이르게 한다. 그것이 비록 예수라 할지라도. 만일 복음주의적 그리스도인들이 이분법으로 인해 예수와의 만남을 성경의 내용과 분리시키기 시작한다면 자신들과 다음 세대를 현대 사상의 소용돌이 속에 내던지게 될 것이다.

이성과 신앙

기독교는 삶의 문제 전체에 대한 통일된 해답을 준다. 우리는 인격적인 면에서 하나님의 형상대로 지음을 받았다. 그러므로 하나님께서는 우리에게 자신에 관하여 참되게 가르치실 수 있다. 하나님은 우리에게 유한하게 창조된 세계의 사물에 관하여 말씀하셨으며 우주와 역사에 관한 진리를 말씀하셨다. 성경의 가르침은 다른 사상과는 전혀 다르다. 성경은 인간이 반드시 해야 할 일, 즉 자신에게서부터 시작하는 일을 할 수 있는 이유를 말해 주는 유일한 종교 혹은 철학 체계이기 때문이다. 사실 우리는 우리 자신을 떠나서는 문제를 다룰 수 없다. 태초에 만물이 인격적이고 무한하신, 언제나 존재하시는 하나님에 의하여 지음을 받았기 때문에 만물의 근원은 인격적이라고 할 수 있으며, 하나님께서 창조하신 것은 자신의 밖에 있는 객관적인 실재적 세계이므로 참된 역사적 인과 관계가 있다. 이와 같이 의미 있는 역사 속에서 하나님께서 인간을 특별히 자기의 형상대로 만드셨다고 성경은 말한다. 이는 인간에게 희망적인 출발점을 제시한다.

성경은 스스로 성경이 무엇인가를 설명한다. 성경은 그 자체가 하나님의 형상대로 지음을 받은 인간에게 하나님께서 문자를 빌려 전달하는 절대적인 진리라고 말한다. 성경은 인간이 비록 버림받은 자가 되었으나, 무가치한 존재가 아니라고 가르친다. 기독교는 논의가 가능한 일련의 생각들로 구성된 체계이다. 성경은 서로 관련이 없는 생각들을 종합해 놓은 것이 아니라 시작이 존재하며 이 시작과 모순되는 것이 없이 전개된다. 이 시작은 만물의 창조자인 무한하고 인격적인 하나님이다.

3. 기독교세계관과 교육

교육에서 기독교세계관은 모더니즘과 포스트모더니즘의 사상체계에 대한 최종적인 대안이 될 수 있다. 기독교세계관에 대한 이해는 기독교세계관을 이루는 창조, 타락, 구속에 대한 이해에 기초한다. 낸시 피어슨(Nancy Pearcey, 2006)은 이에 대해 다음 〈표 1-2〉와 같이 기독교 세계관의 창조, 타락, 구속을 정리하고 있다.

이러한 기독교세계관에 근거하면 지식의 본질은 인지적인 차원을 넘어 인격적 차원이 된다. 즉 지식은 과학적이라기보다 인격과 관련된다. 무엇을 안다는 것은 인지적 기능을 사용하여 회상하거나 표상할 수 있는 것을 의미하는데 그치지 않는다. 무엇을 안다는 것은 전인적인 반응을 의미하는데, 즉 인지적 기능과 감정, 그리고 실천적 반응, 즉 위임까지를 포괄한다. 인격으로 오신 예수님은 자신을 진리라고 하셨다(요 14:6). 또한 알버트 그린(Albert Green, 2000)은 교육을 종교적인 일이라고까지 한다. 그는 교육은 자신이 믿는 최상의 것을 실현하고자 함으로써 우리의 삶의 목적과 이상에 이끌리는 종교적인 일이라는 것이다.

페네마(Fennema, 1997)의 교육관 역시 보다 더 명쾌하게 교과목을 대표로 하는 교육과정이 얼마나 협소한 의미의 교육인지를 보여주고 있다. 그는 성경적 지식관에 입각하여 교육을 예방적 교육, 교정적 교육, 그리고 상담 등의 세 부분으로 나누고, 그 중 하나인 예방적 교육을 크게 잠재적 교육과정과 명시적 교육과정으로 나눈다. 잠재적 교육과정은 학습자가 처한 환경의 '분위기'로서 이를 통해 학습자는 기쁨, 사랑, 안정감, 그리고 존중을 배우는데 이러한 정의적인 요소들은 인성을 형성하는 기반에 매우 중요한 부분을 차지하게 된다. 그리고 명시적 교육은 일반적인 교과과정으로 언어라는 강력한 학습도구를 통해 이루어진다. 이렇게 볼 때 교과목으로 배우는 명시적 교육에서 이루어지는 교육은 교육의 세 부분 중 일부분에 지나지 않음을 알 수 있다. 그리고 알버트 그린(Albert Green, 2000)에 의하면 교과를 배운다는 것은 하나님의 창조세계를 통해 하나님을 알아가는 것이고 또한 하나님께 반응하는 채널이 된다.

<표 1-2> 기독교세계관의 창조, 타락, 구속

창조	**"모든 것은 어떻게 시작되었는가? 우리는 어디서 왔는가?"** 기독교의 메시지는 "그리스도를 네 구원자로 영접하라"는 말로 시작하지 않는다. 그것은 "태초에 하나님이 천지를 창조하셨다"(창세기1:1)는 말로 시작한다. 성경은 하나님이 창조질서 전체의 유일한 근원이라고 가르친다. 어떤 신도 그분의 경쟁 상대가 될 수 없고, 어떤 자연의 힘도 스스로 존재할 수 없으며, 어떤 것도 그 본성이나 존재를 다른 근원에서 찾을 수 없다. 이처럼 그분의 말씀과 법과 창조명령이 이 세상에 질서와 구조를 부여하는 것이다. 하나님의 창조말씀이 우리가 자연과학에서 공부하는 물리적 성격을 지닌 법칙의 근원이다. 이것은 또한 인간의 본성에 관한 법칙의 근원이기도 하다. 도덕(윤리학), 정의(정치학), 창조적 활동(경제학), 미학(예술), 그리고 명료한 사고(논리학)의 원리까지 여기에 포함된다. 그러므로 시편 119:91은 "만물이 주의 종"이라고 말하는 것이다. 철학적으로나 영적으로 중립적인 주제는 존재하지 않는다.

타락	**"무엇이 잘못되었는가? 고통과 악의 근원은 무엇인가?"** 창조의 보편적 성격은 타락의 보편성으로 이어진다. 성경은 창조세계의 모든 부분-우리의 지성을 포함해-이 창조주에 대한 거대한 반역과 연관되었다고 말한다. 성경은 우상숭배나 하나님에 대한 의도적 불순종이 인간의 눈이나 귀를 멀게 한다는 경고로 가득차 있다. "이 세상 신이 믿지 아니하는 자들의 마음을 혼미케 하여...... 복음의 광채가 비치지 못하게 함이니" (고후4:4). 죄는 문자 그대로 지각을 "어둡게" 한다.(에베소서 4:18) 물론 비기독인들도 하나님의 세계에서 활동하고 하나님의 형상을 지니고 있으며 하나님의 일반 은총으로 삶이 지탱되고 있기 때문에 참 지식을 부분적으로 발견할 능력이 있다. 그리스도인은 그들의 통찰력을 환영하는 자세를 지녀야 한다. 왜냐하면 모든 진리는 하나님의 진리이기 때문이다. 하지만 기억해야 할 것은 비기독인들이 이룩한 전반적인 사고체계는 성경적 진리에 근거하지 않고 다른 궁극적 원리에 기초를 두고 있기 때문에 결국 그릇될 수밖에 없다. 그들의 경우, 개별의 진리들도 잘못된 세계관의 렌즈를 통해 보게 될 것이다. 따라서 각 분야에 대한 기독교적 접근은 비판적 성격과 건설적 성격을 둘 다 지닐 필요가 있다.

구속	**"이에 대해 우리는 무엇을 할 수 있는가? 어떻게 세계를 다시 바로 잡을 수 있는가?"** 구속은 창조와 타락만큼 포괄적이다. 하나님께서 우리를 구원하실 때, 우리의 지성은 마음대로 작동하도록 내버려 두고 우리 영혼만 구원하신 것이 아니다. 그분은 인격 전체를 구속하신다. 회심은 우리의 생각, 감정, 의지, 습관 등 여러 영역에 걸쳐 새로운 방향을 제시한다. 바울은 우리 존재 전체를 "산 제사"로 드림으로써 "이 세대를 본받지 말고 우리의 마음을 새롭게 함으로 변화를 받으라"고 권고한다(로마서 12:1-2). 우리가 구속될 때 만물이 새롭게 된다(고린도후서 5:17). 하나님은 우리 성품에 새로운 생명을 불어넣으심으로 "새로운 마음과 새로운 영"을 주겠다고 약속하신다(에스겔 36:25). 그러므로 성경은 죄를 일차적으로 하나님께 등을 돌리고 다른 신을 섬기는 것으로 여기며, 부도덕한 행위는 이차적인 것으로 취급한다. 첫째 계명은 어디까지나 첫째 계명이며, 나머지는 우리가 누구를 혹은 무엇을 예배할지 확실히 한 후에 따라오는 것들이다. 마찬가지로 구속은 일차적으로 우리의 정신적 우상들을 던져 버리고 참 하나님께 돌아오는 것을 말한다. 그렇게 할 때에만 그분의 변화시키는 능력이 우리 삶의 모든 영역을 새롭게 하는 것을 경험하게 된다. 즉, 우리가 구속될 때 삶에 대한 우리의 관점 전체가 하나님 중심으로 재조정되고, 그 분의 계시된 진리 위에 다시 세워진다는 것을 말한다.

출처- 낸시 피어시(2006), P.91~94

생각해 볼 문제

1. 모더니즘과 포스트모더니즘이 교육에 미친 영향은 무엇인가?

2. 기독교세계관이 어떤 면에서 우리나라 교육 현장의 대안이 될 수 있는가?

02 근대 한국기독교교육

1. 근대 기독교학교 성립의 배경
2. 근대 기독교학교의 교과목
3. 근대 기독교학교의 교과서
4. 근대 기독교학교의 교육활동
5. 근대(1885~1909) 기독교학교의 교육의 특징

1900년경_ 기숙사의 설날

음력설은 방학 때니까 보통 기숙사에서 과세를 하는데 이날 저녁에는 전국 13개 도에서 모인 학생들이 각 지방의 풍속대로 절을 하는데… 서울 여자는 그 얼굴보다도 더 고운 말씨로 새해 인사를 늘어놓으며 제일 예쁘게 절을 했다고 한다. (『이화 70년사』 중에서)

이장에서는 기독교세계관에 의한 교육이 한 사회의 교육에 대안적 세계관이 될 수 있음을 근대초기 우리사회의 기독교학교 교육을 교육과정이라는 관점에서 조명해 봄으로써 알 수 있게 될 것이다.

근대 기독교학교 교육과정은 외형적으로는 근대교육의 영성과 지성을 분리하는 이원론 접근에 근거한 것으로 보인다. 그러나 실제 교육활동을 살펴보면 한말의 개신교포교활동의 억제정책에도 불구하고 당시 기독교학교 교육의 전반이 개인구원과 삶의 전 영역의 회복으로 이끌리고 있음을 확인할 수 있었다.

이것은 명시적 교육과정으로 이루어진 것이 아니라 당시 교사였던 선교사들에 의한 비형식적 교육과정에 의해 이루어졌다고 볼 수 있다. 이러한 통합방식은 교사를 통한 통합과 교육과정을 통한 통합으로 분류한 게블라인(1991)의 통합분류방식에 근거할 때 '교사를 통한 통합'이라고 말할 수 있다. 당시 교사들은 자신의 삶을 온전히 거룩한 산 제사로 드리는 선교사들이었고 이들의 삶을 통해 나오는 교육은 곧 기독교정신이 실천됨으로써 교사를 통한 통합이 이루어졌다고 보여진다.

1. 근대 기독교학교 성립의 배경

한국 근대화시기에 대한 교육연구들은 당시의 기독교학교 교육이 그 당시 사회의 당면과제였던 교육의 근대화와 교육구국에 있어서 중요한 기여를 한 것으로 평가하고 있다(오천석, 1975; 한규원, 2003). 그러나 이러한 기여가 기독교의 구원의 문제와 어떠한 관련이 있는가? 당시의 이러한 교육적 성과에 대해 기독교적 재평가는 현대의 기독교학교 회복에 중요한 시사를 줄 수 있을 것으로 보인다.

최근 들어 기독교학교에 대한 관심이 고조되면서 기독교학교와 관련되는 중요한 이슈는 다음과 같다. 즉 회복이 필요한 한국 교육의 대안으로서 기독교학교 교육은 어떠해야 하는지에 대한 관심이고, 또 하나는 기독교학교 교육과정은 어떻게 기독교적 세계관에 기반하여 새롭게 구성되어야 하는지에 대한 관심이다. 전자는 기독교학교 교육과정이 사회생활을 포함한 삶의 전 영역의 회복을 가져오는데 어떻게 기여하느냐의 외적 통합의 문제이고, 후자는 학교교육과정과 성경적 세계관과의 내적 통합의 문제라고 할 수 있다. 여기서는 이러한 내외적 기독교학교 교육과정의 통합의 문제에 초점을 맞추어 기독교학교가 시작되어진 1885년부터 사립학교법(1908)이 막 제정되고 한일합방이전 시기인 1909년까지의 기독교학교의 교육과정을 검토함으로써 근대 기독교학교의 교육과정의 성격을 교육과정의 통합이라는 관점에서 검토한다.

근대시기의 기독교교육은 고종 19년(1882) 미국과의 한미수호통상조약 체결과 그 뒤 계속하여 서구제국과의 수호통상조약이 이루어지면서부터였다. 미국선교사들에 의한 교육선교는 1884년 6월 일본에 와있던 한국감리교 선교사 마코레이(Maclay)목사가 한국에 입국, 고종을 알현하고 교육과 의료사업을 실시하겠다는 윤허를 받으면서 시작되었다. 마코레이 목사가 고종을 알현하게 된 동기는 1882년 미국 볼티모어시 카우쳐 여자대학학장 카우쳐(J. F. Coucher) 목사가 미국을 방문하고 있던 민영익 유미사절단을 만나 한국사정과 풍토를 들은 데서 기인한다. 그는 이 사업을 북 감리교회 외지선교부에 제의하고 언론을 통해 한국 실정을 역설하고 선교기금 2,000불을 모금하는 등의 정열을 보였다. 이에 따라 선교부에서는 일본에 주재하고 있던 마코레이 목사로 하여금 고종을 알현하게 하였고 우선 교육 사업을 약속받게 된 것이다.

1884년 알렌(Allen)부부가 의사자격으로 입국한 후 이어서 1885년 H. G. 언더우드(Rev. H. G. Underwood)가 내한하였다. 또 같은 해 미국 감리교회 아펜젤러(H. G. Appenzeller)가 내한하였고 그 뒤 스크랜톤(H. G. Scranton)부부 및 그 모친 스크랜톤 부인 등이 입국하므로써 한국에 있어서의 선교활동이 본격적으로 이루어지게 되었다. 이후 1889년에는 호주 장로교회 데이비스(Davis) 남매가 경상도지방을 중심으로 호주 장로교 선교회를 조직하여 교육사업과 의료사업을 하였다. 또한 1892년에 미국 남 장로교 선교회가 호남지방을 그리고 1896년 캐나다 장로교회 선교사 맥켄지 목사가 함경도지방을 상대로 교육과 의료사업에 착수하여 선교 사업을 하였다.

한국에 들어온 기독교계의 선교사들은 한국 실정에 맞는 선교방법을 모색하게 되고, 그 결과 중국에서 오랫동안 선교활동을 한 네비우스(Nevius) 목사의 저서 「선교지교회의 개척과 발전」을 기반으로 1890년에는 다음과 같은 선교전략을 수립하게 된다(이응수, 1981).

① 교회의 제도와 기관은 신자들의 힘에 알맞게 발전시킨다.
② 부인과 소녀를 개종시키고 교육하는데 힘쓴다.
③ 기독교 교육은 지방과 도시에서 국민학교를 경영함으로써 더욱 잘 해나갈 수 있다. 그리고 신자들의 자녀들은 이 밋숀 학교에서 교육한다.
④ 모든 종교서적은 외국어를 넣지 아니하고 순전히 한국어로만 기록한다.
⑤ 기독교 신자가 된 사람은 자기 본래의 직무를 그대로 가지고 생활하면서 이웃을 전도한다.
⑥ 앞으로 한국인 교역자가 많이 나오도록 선교사들은 노력한다.
⑦ 상류계급보다 하류노동자계급을 상대하여 전도한다.
⑧ 교회당도 그 교회자신이 돈을 마련하여 짓도록 한다. 그러나 신설교회는 자치적인 교회가 되어야 한다.
⑨ 의료선교사들이 약이나 주는 일은 선교의 효과가 없으니 환자를 치료하는 동안에 직접행동으로서 모범을 보이는 것이 복음을 전하는 길이 된다.
⑩ 교회가 스스로 사람과 돈을 마련할 수 있을 때 더 훌륭한 일꾼을 모시게 된다.

한편 장로교 선교공의회의 네비우스 선교전략을 소개하는 임일남(1981)의 연구에서는 선교전략에 약간의 차이를 보이는데 “사람의 힘만이 사람을 개종시키는 것이 아니라, 하나님의 말씀이 하신다. 따라서 될수록 빨리 완전하고도 명확한 성서(번역된 성서)를 이들에게 주도록 해야 한다."라는 조항이 들어 있다.

이와 같은 기독교 학교설립 배경을 살펴보면 다음과 같은 특징을 찾아볼 수 있다. 미국의 선교사들은 조선말기와 대한제국시기의 우리나라 사회의 개화에 대한 자생적인 노력과 황실과의 우호적인 관계를 배경으로 근대식 교육의 성립에 실질적인 역할을 할 수 있었다는 점을 알 수 있다. 이러한 과정에서 선교사들은 선교를 전제로 한국의 실정을 감안하여 전통과 인습에 과감히 도전하지 않고 온건한 방법으로 실제 사회의 필요에 따라 학교설립이라든가 의료사업, 자선사업을 통한 선교에 노력하였다. 따라서 당시의 기독교억제 정책에도 불구하고 기독교학교의 수는 40여개에 달하였으며 이중에 21개정도는 현존하고 있다(한규원, 2003). 조선총독부에서 1921년 조사한 기독교계 학교수는 남자고등보통학교 22개교, 여자고등보통학교 17개교, 남자보통학교 661개교, 여자보통학교 211개교, 기타가 365개교에 이르렀다(정상윤, 1974).

한국 근대화시기에 대한 교육연구들은 당시의 기독교학교 교육이 사회의 당면과제였던 교육의 근대화와 교육구국에 있어서 중요한 기여를 한 것으로 평가하고 있다(오천석, 1975; 한규원, 2003). 그러나 이러한 기여가 기독교의 구원의 문제와 어떠한 관련이 있는가? 당시의 이러한 교육적 성과에 대한 기독교적 재평가는 현대의 기독교학교 회복에 중요한 시사를 줄 수 있을 것으로 보인다.

2. 근대 기독교학교의 교과목

한규원(2003)은 다음 〈표 2-1〉과 같이 당시의 기독교학교 교과목 편성을 각 학교별로 정리하고 있다. 당시 기독교학교의 교육과정은 가르칠 사람이 있을 때마다 그 모양을 갖추어갔고, 처음은 영어성경을 교재로 영어와 성경을 주로 가르치는 일이 보편적이었다. 보여지는 바와 같이 1908년 사립학교령이 제정된 시기를 기점으로 보다 형식적인 면을 갖추게 되었다.

〈표 2-1〉 초기 기독교학교의 교육과정

학교명	시기	교과목
배재학당	초창기	성경, 한문, 영어, 지리, 수학, 생물, 공작(工作), 체육 등
	1903년	세계역사, 한국역사, 일본역사, 중국역사 등 역사과목 비중 있게 편성
	1908년	국어, 미술, 교련, 역사(한국사·동양사·세계사), 지리(한국지리·동양지리·세계지리)
이화학당	초창기	성경, 영어
	1889년	국어, 생리학
	1891년	성악, 올겐
	1892년	반절(反切), 한문, 수학, 지리, 역사, 과학, 체조
	1896년	가사(家事)
	1908년	〈중등과〉 성경, 한문, 대수(代數), 기하, 삼각, 천문학, 지리학, 교육학, 물리, 화학, 영문학, 만국지지(萬國地誌), 고등생리(高等生理), 경제, 역사(만국역사·근세사·상고사·영국사·미국사)
경신학교	1900년	성경, 교회사(敎會史), 국어, 한문, 영어, 산술, 대수, 화학, 물리, 천문학, 박물(博物), 지리, 한국사

<table>
<tr><td>경신학교</td><td>1908년</td><td>〈중등〉 성경, 사서(四書), 동서양역사, 만국지지, 지문학(地文學), 중등생리, 중등물리, 중등화학, 국가학(國家學), 부기(簿記), 교육사, 작문, 분수지기하초등(分數至幾何初等), 도화, 영일어(英日語), 체조
〈대학과〉 성경, 한문, 고금문선(古今文選), 영미사(英美事), 교회사(敎會史), 고등생리, 고등박물, 고등물리, 고등화학, 천문, 지리, 경제, 법학, 심리, 논리, 교육법, 고등대수, 기하, 삼각측량(三角測量), 음악, 도화, 영일어작문 등</td></tr>
<tr><td rowspan="2">정신여학교</td><td>1903년</td><td>성경, 한문, 역사, 지리, 산술, 습자(習字), 체조, 음악, 가사, 침공(針工), 과학, 물리, 생물 등</td></tr>
<tr><td>1909년</td><td>성경, 한문, 가사, 침공, 수예(手藝), 음악, 체조, 지지(地誌), 역사, 습자, 이과(理科), 어학(영어), 수학, 동물, 식물, 생리, 미술, 작문 등</td></tr>
<tr><td>숭의여학교
(평양)</td><td colspan="2">성경, 한문(『孟子』), 산학신편(算學新編; 산수), 지리, 역사, 생리, 동물, 식물 등</td></tr>
<tr><td>계성학교
(대구)</td><td colspan="2">성경, 한문, 물리, 화학, 지지, 상업, 어학, 수학, 역사, 생리, 박물, 경제, 지문(地文), 동물, 식물, 도화, 체조, 음악, 작문, 습자 등</td></tr>
<tr><td>신명여학교
(대구)</td><td colspan="2">성경, 한문, 이과, 지지, 역사, 어학, 수학, 동물, 식물, 생리, 도화, 습자, 체조, 음악, 가사, 침공, 수예 등</td></tr>
<tr><td>기전여학교
(전주)</td><td colspan="2">성경, 국문독본, 수신(修身), 한문, 습자, 수공, 편물(編物), 체조, 이과(동물학·식물학), 생리학, 지리, 여자독본, 산술, 영어와 일어(1908년 이후)</td></tr>
<tr><td>광성학교
(평양)</td><td colspan="2">국문, 학문, 기독교교리(基督敎敎理) 등</td></tr>
<tr><td>한영서원
(개성)</td><td colspan="2">〈소학과(小學科)〉 수신, 국어, 한문, 역사, 일어, 산술, 이과, 도화, 창가(唱歌), 체조 등
〈중등과(中等科)〉 도덕, 국어, 한문, 역사, 일어, 수학, 영어, 음악, 체조(운동), 지리, 도화, 작문
〈반공과(半工科)〉 중등과의 교과목과 실업(實業)</td></tr>
<tr><td rowspan="3">명선여학당
(공주)</td><td colspan="2">성경의 읽기·쓰기, 국문의 작문과 편지쓰기, 산술, 음악(성가), 미술, 영어</td></tr>
<tr><td>1906년
(영명학당으로 개교)</td><td>〈1학년〉 성경, 수신, 국어, 한문, 창가, 체조, 영어
〈2학년〉 1학년교과목과 국사, 실업, 지리, 대수, 도화
〈3학년〉 만국역사 추가</td></tr>
<tr><td>1908년 이후
(1906년
명선여학당에서
영명여학당으로 개명)</td><td>〈『고등여학교령시행규칙』에 따라〉 성경, 국어, 한문, 역사, 지리, 산술, 이과, 도화, 가사, 수예, 음악, 체조
*수신과 일어는 아예 교과과정에 넣지 않음</td></tr>
<tr><td>공옥소학교</td><td colspan="2">본국지지(本國地誌), 본국역사, 산술, 소학독본(小學讀本), 한문, 도화 등</td></tr>
</table>

출처: 한규원(2003)

이러한 기독교학교의 교육과정은 〈표 2-2〉의 우리나라 최초의 근대식교육기관인 1883년의 원산학사의 교육과정이 〈표 2-3〉의 1895년 소학교령기의 근대식 관공립소학교의 교육과정과 1906년 보통학교령기의 관공립보통학교의 교육과정으로 변모해 가는데 중요한 자극제의 역할을 하였고, 〈표 2-4〉의 민족계 사립학교의 교육과정에도 크게 영향을 미쳤던 것으로 보인다.

〈표 2-2〉 원산학사의 교과목편제

과정 / 과목	문 예 반(수업연한 : 1년)		무 예 반(수업연한 : 1년)	
	교과목	정도	교과목	정도
공통 필수 교과목	산수(算數) 격치(格致) 기기학(器機學) 농학(農學) 양잠(養蠶) 광물학(鑛物學) 만국공법(萬國公法) 국제법(國際法)) 지리(地理) 법률(法律) 외국어(外國語)	시무해결에 긴요한 지식 습득과 실용 학문 습득	산수(算數) 격치(格致) 기기학(器機學) 농학(農學) 양잠(養蠶) 광물학(鑛物學) 만국공법(萬國公法) 국제법(國際法)) 지리(地理) 법률(法律) 외국어(外國語)	시무해결에 긴요한 지식 습득과 실용 학문 습득
전공 필수 교과목	경서(經書) 제술(製述)	인문지식 습득을 위한 유학서 학습	병서(兵書) 사격술(射擊術)	시무해결에 긴요한 지식습득과 실용학문 습득을 위한 기본이론 및 실기 연마

출처: 김정효 외(2005, 이종국 2002 재인용)

<표 2-3> 소학교령과 보통학교령 교과목편제

소학교령(1895~1905)	보통학교령(1906~1909)	
	교과목	시수
수신	수신	1
독서와 작문	국어	6
습자		
	한문	4
	일어	6
산술	산술	6
본국지리와 외국지리*	역사·지리	
본국역사*		
이과*	이과*	2(3, 4학년)
도화*	도화	2
체조	체조	3
재봉*	수예	
외국어*		
	창가	
	수공	
	농업	
	상업	
*는 고등과	계 *는 3,4학년만 해당	28

출처: 조연순 외(2005)

<표 2-4> 민족계사립학교 교과목의 예

학 교	교 과 목	출 처
강화부 사립육영학교	한문, 국문, 작문, 습자, 일어, 영어	황성신문(1905년) 광무9년2월15일 1870호
홍문동 사립소학교	한문, 국한문, 대쇼, 습ᄌᆞ, 산슐, 력ᄉᆞ, 디리, 톄죠	독립신문 1898년 6월 9일
대묘동 사립소학교	한문, 여러 가지글닑기, 글짓기, 글ᄌᆞ익히기, 산슐, 죠션력ᄉᆞ, 디지, 수신ᄒᆞ기, 테죠ᄒᆞ기, 외국말	독립신문 1897년 1월 28일

출처: 김정효 외(2005)

이상과 같이 문무과로 나누인 원산학사 교육과정이 기초보통교육의 성격인 소학교령기 교육과정으로 변화해 가는 과정과 민족계 사립학교 교과목편제에도 영향이 컸던 것으로 볼 수 있다. 또 선교계 학교에서 이루어졌던 교육내용 중 습자와 산술, 역사 교육은 관·공립소학교와 공통된 것이었고, 이들과 같이 국어, 지리, 역사를 통해 민족의식 고취 교육을 실시하였다. 그러나 한편으로는 선교계 학교는 관·공립소학교 교육과정에 없는 음악과 성경 등을 포함하고 성경공부와 찬송가를 중심으로 한 음악교육을 통해 선교를 위한 교육을 주요내용으로 다루었다고 볼 수 있다. 따라서 교육과정내의 교과목 편제로 볼 때 당시 기독교학교 교육과정편제는 영성과 지성을 분리하는 이원적인 접근에 가깝다고 할 수 있다.

3. 근대 기독교학교의 교과서

당시 실제 교육내용을 좀 더 깊이있게 알아보기 위해 기독교학교의 교과서에 대해 살펴보면 다음과 같다. 김봉희(1992)의 연구에 의하면 초기에는 교과서라고 이름 붙일만한 것이 없었고, 영어와 성경이 주 교과였기 때문에 미국 교과서를 교사가 번역하여 펜으로 적은 것을 교사만 가지고 사용한 경우도 있었다.

한편 최숙경과 김순희(1977), 차석기(1993), 김봉희(1992) 등의 개화기 기독교학교의 교과서연구를 참고로 할 때, 소재나 주제가 기독교적 세계관에 기초하였다고 보여 지는 것은 거의 없다고 볼 수 있다. 당시 기독교학교의 국어교과서에 해당하는 현채가 쓴 "신찬 초등소학"의 일부를 발췌한 것으로 이를 확인할 수 있다(차석기, 1993).

> "우리 조선은 세계에 조ᄒᆞᆫ ᄉᆡ이라. 인구는 이천만이오 픙쇽이 슌박ᄒᆞ오이다. 서울은 경성이오 일반인민이 위집한 도회니 크고 번화ᄒᆞ기ᄂᆞᆫ 조선에 제일이오이다. 조선은 기후가 ᄯᅡᆺᄯᅡᆺᄒᆞ고 토지도 조흐니 각ᄉᆡᆨ 곡식이 만히나고 ᄯᅩ 광물이 만히 나ᄋᆞᆸᄂᆞ이다.
>
> 조선에ᄂᆞᆫ 녜브터 어진 사ᄅᆞᆷ과 츙효ᄒᆞᆫ 사ᄅᆞᆷ과 일흠난 사ᄅᆞᆷ이 허다ᄒᆞ니 여러분도 학교에셔 공부ᄒᆞ야 재예를 닥고 몸을 츙실케 ᄒᆞ며 직업을 부즈런히 힘써 家와 國을 부케 ᄒᆞ옵시다"

그리고 선교사들이 직접 저술한 교과서에서도 기독교적 소재가 반영되거나 기독교적 세계관이 명시적으로 언급된 것을 찾기 힘들다. 밀러(E. H. Miller, 1906, 김봉희 1992 재인용)가 저술한 대한예수교서회 간행 "초학디지(Elementary Geography)"의 서문에서 밝히고 있는 간행의 목적에서도 이를 확인할 수 있다.

> "우리가 거하는 지방과 국가세계를 비교하건데, 그 넓고 큼을 말할 수 없는지라. 어찌 안력과 행력으로 능히 다 구경하리요. 이러함으로 나라마다 지지를 만들고 만국의 지지를 회집하고 만국지지를 편집하야 어려서부터 천하의 너른 강산을 동네와 같이 구경함으로 마음이 넓고 뜻이 커서 세계를 집안같이 알거든, 대한은 이와 같은 책이 많지 못함으로 마냥 근심하는 바이더니 이를 감히 한권의 만국지지를 편집하야 대한 남녀노소로 하야 곰고로 보시고 넓히 아시기를 바라오니 문체에 서투름과 구어의 잘되지 못한 것을 용서하고 보소서."

이상의 발췌에서 보여지는 바와 같이 교과의 내용에 성경적인 내용을 직간접적으로 연결하고 있는 곳은 발견하기 어렵다.

한편 선교사 존스(George. H. Jones, 1867~1919)는 1902년에 『국문독본』을 지었으며, 주시경(周時經, 1876~1914)은 『국어문전음학』, 『국문초학』 등을 지었다. 현채(玄采, 1856~1925)는 국어교과서는 말할 것도 없고 역사에 관한 많은 교과서를 저술하였는데, 그 가운데 『신찬초등소학』은 학부의 검정을 받아 '사립학교초등교육학도용'교과서로 사용되기도 하였다. 현채의 『신찬초등소학』 보다 먼저 저술된 『유년필독』(1907)이 학부로부터 검정을 받은 초등학교용 교과서로 사용되었는데 '유년필독범례'를 보면 현채가 이 교과서를 지은 의도는 학생들에게 애국사상을 환기시키려는 목적을 가지고 있음을 밝힌다. 다시 말하면 역사와 지리 교육을 통하여 민족주체성을 확립시키고, 나아가서는 새로운 세계 사정을 익혀 국제 경쟁에서 겨룰 수 있는 국민을 양성하겠다는 것에 목적을 두고 저술한 것이다. 이 책의 제목은 『유년필독』이지만, 그 독자층을 단순히 유년에만 한정하지 않고, 장년과 노년층까지를 포함한 전 국민을 대상으로 애독할 수 있도록 한 국민적 교과서의 성격을 띠었다. 그러므로 모두 4권으로 된 이 교과서는 역사교과서라고 해도 과언이 아닐 정도로 몇몇 내용을 제외하고는 대부분이 우리나라의 역사에 관한 내용을 싣고 있다.

1895년 소학교 학령기에 수신, 독서 및 습자, 한문, 산술, 지리, 역사 등의 교과서가 학부에서 25여종이 개발되었음에도 불구하고 초기에는 미국선교사들이 직접 미국아동용 교과서를 번역하여 사용하였다. 1905년 이후에는 관공립소학교의 것과 같은 학부검인정 교과서를 쓰는 경우들을 볼 수 있다. 그러나 이상과 같이 교과서 내용에서는 기독교적 주제나 소재를 직접적으로 다루고 있는 것은 찾기 어렵다. 따라서 교과서에서도 교과목편제에서 보여지는 바와 같이 영성과 지성을 분리하여 접근하는 근대주의 학교의 전형을 확인할 수 있다고 말할 수 있다.

4. 근대 기독교학교의 교육활동

실제 각 교과목들이 어떻게 다루어졌는가에 대해 실제 교육활동을 교과별로 그리고 학교별로 나누어 살펴보면 다음과 같다.

1) 교과별 교육활동

대부분의 학교에서는 우선 어떠한 과목을 가르칠 수 있는 교사가 확보되어 있느냐에 따라, 교과과정이 결정되었는데 산업화와 이민의 대폭적인 증가로 소위 정신도야설교육에서 실용주의적인 교육으로 선회하는 미국교육을 배경으로 하고 있었다. 교육에서 폭넓은 지식과 교양을 갖춘 기독교 정신에 입각한 한국인의 양성이라는 것에 목적이 있었기 때문에 다양한 과목이 가르쳐졌는데, 교과별 교육내용은 자세히 살펴보면 다음과 같다(한규원, 2003; 김정효 외, 2005; 정상윤, 1974)

(1) 국어 · 한문교육

국어교육은 한국 사람이 담당했으며, 한문교육은 성경다음으로 중요한 과목으로 취급되어졌다. 이화학당은 1889년부터 국어를 가르치기 시작했는데, 그 구체적인 내용은 읽기·쓰기·작문·편지쓰기 등이었다. 그리고 중등과에서는 매 학년 매주 29~32시간 가운데 5시간을 국어로 배정하였다. 국어와 함께 한문도 대부분의 학교에서 설립초기부터 가르쳤는데, 이것은 당시의 시대적 상황을 반영한 것이었다. 한문이 아직 주류를 이루던 사회에서 한글을 가르치고 성경을 한글로 번역하여 가르친 일은 종교개혁 당시 교회가 모국어교육을 하고 성경을 모국어로 번역하였던 일과 연관되는 중요한 일이라고 할 수 있다.

(2) 역사·지리 교육

기독교학교가 역사와 지리 과목을 그들 학교의 교과과정에 편성한 것은 다른 과목과 마찬가지로 그 시기가 일정하지 않았다. 배재학당은 1903년 이후에야 역사를 가르치기 시작하였는데 이때는 한국역사·세계역사·일본역사·중국역사 등으로 구분하여 가르쳤다. 그러다가 1908년 이후에는 한국역사·동양역사·세계역사로 나누어 가르쳤다. 지리도 한국지리·동양지리·세계지리로 나누어 가르쳤다.

이화학당 중등과의 1904년 교육과정에는 "조선사·고구려·신라·고려·미국사·한국지리·외국지리·미국지리" 등이 편성되어 있는데, 특히 한국의 역사를 상당히 세분화해서 가르친 것이 특징이었다. 그리고 1908년 이후 초등과는 본국역사와 본국지리를, 중등과는 만국역사·근세사·상고사·영국사·미국사·지문학·만국지지를 가르쳤다. 이와 같이 이화학당은 다른 학교와 비교할 때 역사와 지리를 더 많은 비중을 두고 가르쳤던 것을 알 수 있다. 위와 같이 기독교 학교에서는 설립 초기부터 어떠한 형태로든 역사와 지리를 교과과정에 편성하여 가르쳤던 것을 알 수 있다. 이를 통해 민족교육을 실시하고 애국심을 고취하며, 중화사상에서 벗어나 세계화에 대한 자각을 가지도록 하였다.

(3) 수신<윤리>교육

당시 조선정부에서 각급 학교 교육에 관한 법령을 제정한 1895년 이후의 관·공립학교는 말 할 것도 없고 사립학교에서도 수신을 매 학년 매주 1시간씩 가르치도록 편성되어 있었다. 그러나 유교적 세계관과 경전을 중심으로 이루어진 수신교과는 대부분의 기독교학교에서 교과과정으로 편성하는 것에 소극적이었다. 일부 기독교학교 예를 들어 배재학당, 숭실학교, 숭의학교, 계성학교 등 1910년 이전까지 수신을 교과과정에 편성하지 않았던 학교들도 있었다. 편성했다고는 하더라도 1906년 이후에 공포된 법령에 따른 것이었다.

(4) 체조 및 교련교육

개화기에는 오늘날의 체육이라는 용어 대신 체조라는 용어를 주로 사용하였다. 그리고 체조를 가르치기 시작한 것은 선교사들이 한국에 들어와서 학교를 설립하고 근대식 교육을 시작하는 것에서부터 출발하였다. 한국의 전통적인 교육에서는 학교교육 내용에 신체를 단련하기 위한 교과를 포함시켜 가르쳤다는 흔적은 찾아볼 수가 없다. 지식 위주의 교육, 유교경전 중심의 지적인 교육이 중심을 이루었고, 신체적인 건강에 기여하는 체육에 관한 과목은 교육내용에 아예 포함시키지도 않았고 또 포함시키려고 생각지도 않았던 것이다.

경신학교는 1891년에 학교 이름을 야소교학당으로 바꾼 뒤부터 교과과정에 체조를 포함시켰다. 그래서 월요일부터 금요일까지 1교시(8:00~8:30)에 30분씩 체조를 가르쳤다. 배재학당도 초창기부터 체조를 가르쳤는데 1894년 4월부터는 학생 군사훈련을 시작 했고, 아펜젤러(Appenzeller)가 목총(木銃)을 가지고 교련을 가르치기도 했다. 그리고 기독교학교에서 가르친 체조는 다른 교과와 마찬가지로, 특히 1905년 이후 일어나는 민간인에 의해 설립된 사립학교의 교과과정에도 체조를 편성하여 가르치는 데 직접적인 영향을 주었으리라는 것은 능히 짐작하고도 남음이 있다.

(5) 성경 및 음악교육

성경은 기독교학교의 교과과정에서 가장 중심 된 자리를 차지하는 과목이며, 이것은 기독교학교의 설립목적에 비추어 볼 때 당연한 것이었다. 또한 성경은 선교사들이 기독교학교를 설립하였을 때, 가장 먼저 가르치기 시작한 과목이기도 하였다. 그것은 선교사들이 의도하는 선교의 목적을 달성하기 위한 것과 직접 결부되는 것이었기 때문에 성경을 가장 중요한 과목으로 알고 가장 먼저 가르친 것은 너무도 당연한 일이었다. 음악교육도 찬송가를 가르치는 것을 중심으로 활발히 이루어졌다.

국문으로 된 성경을 직접 읽을 수 있는 기회를 갖게 됨으로써, 신앙과 함께 성경에 대한 지식을 길러주었는데, 이는 개인의 경건생활을 위한 중요한 기반이 되었다고 보인다. 모국어로 성경이 번역되었던 일과 교회의 모국어 교육이 종교개혁과 근대식 초등학교 성립에 중요한 기반이 되었던 유럽의 경우를 생각할 때 중요한 의의를 가진다고 할 수 있다.

(6) 목공 및 가사교육

당시의 목공교육은, 노동의 신성함을 가르치고 산업계를 발전시킴과 동시에 각개인 삶의 질을 향상시킬 수 있는 수익사업의 일환으로 실시하였다. 정창원(2004)의 최근 연구는 당시의 목공교육은 건축교육으로서 매우 초보적인 것이었으나 매우 중요한 의미를 가지는데, 이는 문제해결을 위해 책을 읽는 공부뿐 아니라 어떻게 생활을 영위할 것 인지에 대한 구체적인 방법을 제시하였다는 점에서 그렇다고 지적한다.

2) 학교별 교육활동

배재학당, 이화학당, 경신학교를 중심으로 알아보면 다음과 같다(유방란, 1998; 정상윤, 1974).

– 배재학당

> 수업은 세 언어, 즉 언문, 한문, 영어로 하였다, 감리교 교리문답은 한글로 가르쳤고 유교경전은 한문으로 가르쳤다. 영어로는 일반분야, 즉 고대사, 물리학, 화학, 정치경제학, 노래, 성경 등을 가르쳤다. 1904년에는 일반사, 기하, 국제법, 정치경제학 등이 추가되었다.
>
> 전통적인 교육에서 한문교육은 단지 문자를 아는 것 이상의 유학에 접함을 의미하는데 기독교 학교에서 한문교육은 유학적 지식의 접근이 아니라 기독교적 지식, 혹은 유학적 지식관을 벗어나는 지식에 접근하게 하기위한 수단으로 전환시켜 나갔다. 이상과 같이 배재학당에서는 조선의 전통교육과 유학경서 교육을 중시했다, 그러나 전통교육이 지니고 있는 가치를 일정부분 인정했지만 점차 유학과 한문을 분리하여 유학경서 대신 한역 성서 및 교리서 등을 교재로 삼았다. 개종 유학자들은 배재학당에서 보유론적 관점에 입각한 기독교를 소개함으로 기독교 교육에 일익을 담당했다, 한편 선교사들은 입국 이후 조선인들로 하여금 지속적으로 성경 및 교리서를 한글로 번역케 하는 사업을 추진하여 번역된 각종 교리서는 배재학당에서 교재로 사용되었다.
>
> 배재학당에서 하는 과외활동을 보면 전통적인 학교와는 달리 영어, 교양교과뿐 아니라 체조를 가르쳤고, 학생회를 조직하여 운영했으며 학생들이 스스로 학비를 벌 수 있게 작업부를 운영하는 등 여러 측면에서 교육의 새로운 개념을 보여주었다.

-이화학당

초기에는 처음부터 교과과정이 있는 것이 아니고 그 과목을 담당할 수 있는 교사가 생길 때에 새로운 과목이 첨가 되곤 했다, 1889년부터 스크랜톤 부인 한 사람으로 시작한 교사는 최초의 한국인 여선생 이경숙이 언문쓰기, 읽기, 한문, 글씨를 가르치기 시작했다, 초기에는 학년이나 학기별 수업 년 한, 취학 연령 등이 일정하지 않았다, 그리고 1908년부터 언문을 깨치지 못한 학생은 받지 않음으로써 초등교육과정에서 중등교육 과정으로 전환했다, 이러한 여성을 교육의 대상으로 한 이화학당의 교육은 여성교육의 회복으로서의 의미를 가진다.

다음과 같이 중등과 4년제의 학과목 과정 및 매주 시수는 〈표 2-5〉와 같다

〈표 2-5〉 중등과 학과목 및 주별시수

종별 / 과목	1		2		3		4	
	과정	시수	과정	시수	과정	시수	과정	시수
국어 한문	한글로 된 복음서 대학	5	훈아진언 논어	5	내훈	5	미상	5
한문	대학	5	논어	5	논어	5	논어	5
산술	정수, 분수	4	소수, 주산	4	비례. 보합산	4	대수	5
역사	이조사	1	고구려, 신라	1	고려	1	미국사	1
지리	한국지리	1	지구약론	1	외국지리	2	미국지리	2
성경	마가복음	1	요한복음	1	복음요사	1	성서총론	1
영어	미상	5	미상	5	미상	5	미상	5
이과			동물, 식물	1	물리	2	화학	3
도화	임화, 사생화	1	임화, 사생화	1	참고서	1		
생리	생리위생	1	가정위생	1	육아법	2	육아법	2
음악	단음창가	1	기악(풍금)	1	곡부개론	1	곡부개론	1
					기악		기악	
작문습작	습자, 작문	2	작문		작문	1	작문	1
재봉	운침법	1	재법, 자수	1	자수, 재봉기	1	양재법	1
체조	유희. 학교체조	1	유희. 학교체조	1	유희. 학교체조			
계		29		30		32		32

-경신학교

> 이 학교는 1886년에 언더우드목사가 세운 최초의 고아원이었고 교육비 일체를 선교부에서 부담하고 학과는 영어와 국어 등 일반학과 성경, 찬미, 기도를 가르쳤다, 아침예배는 게일목사가 인도했고 성경공부는 기포드 목사에 의해 한문으로 된 성경, 십계명과 시구로 된 '예수의 생애' 등을 가르쳤다, 한문공부는 천자문, 동몽선습, 통감1권, 8권을 주로 하여 한문을 중시했다는 것을 알 수 있다, 1891년에 고아원을 개편하여 학교로서의 체제와 기구를 갖추고 '예수교학당'이라 불렀다, 이 학교교육은 가난하고 소외된 자들을 위한 교육의 회복을 의미하였다. 당시 학교의 교과시간표는 다음과 같다. 1893년에 이름을 '민로아학당'으로 바꾸고 보통반, 특별반을 두어 폭을 더 넓혔고, 직업교육을 위해 관리직교육을 비롯해 목재와 바구니 제작 등을 가르치기도 했다.

다음과 같이 경신학교의 교과시간표는 〈표 2-6〉과 같다

〈표 2-6〉 경신학교의 교과시간표

교시	월	화	수	목	금
1	체조	체조	체조	체조	체조
2	작문	산술	받아쓰기	번역	지리
3	문법	독서	역사	철자법	필기
4	독서	산술	작문	철자법	필기
5	독서	산술	철자법	필기	-
6	철자법	-	산술	-	-
7	-	산술	-	철자법	독서

이상과 같은 실제 교육활동은 교과과정상의 이원화편제의 한계를 뛰어넘는 역동적인 기독교정신에 입각한 교육이었음을 알 수 있다. 즉 모국어로 읽을 수 있었던 성경읽기를 통해 개인의 영적 성

장을 도모하였고, 체육과 목공교육을 통해 유교적인 관념적 교육의 개념을 확장하였으며, 민족교육을 통해 교육구국을 실천하였다고 볼 수 있다. 당시의 기독교교육을 민족교육의 관점에서 평가한 한규원(2003)의 평가와 교육근대화의 관점에서 평가한 오천석(1975)의 평가는 당시 교육선교 행위자체가 교육의 통전적 회복을 도모하고 있음을 시사한다.

한규원(2003)은 민족 교육적 관점에서 당시의 기독교학교 교육과정을 다음과 같이 특징짓고 있다.

첫째, 전통적인 교육기관에서 가르치던 교육내용에서 완전히 탈피하여 서구식의 근대적인 교육내용이 중심을 이루었다.

둘째, 전통적인 교육기관에서 무시되어 온 국학(國學)에 관한 과목, 즉 국어·한국역사·한국지리 등이 학교교육에서 중요한 자리를 차지하게 되었다.

셋째, 역시 전통적인 교육기관에서 고려의 대상이 아니었던 예체능 교과인 음악·미술의 정조과목(情操科目)과 신체단련을 위한 체육을 가르치기 시작하였다.

넷째, 이과 또는 동물·식물·물리·화학·생리·박물 등 과학과목을 가르치기 시작하였다.

다섯째, 대부분의 학교가 상당히 다양하고 세분화된 과목을 가르쳤는데 그 과목은 학교마다 서로 다른 것이었다.

여섯째, 1908년 소위 「사립학교령」(私立學校令)이 발표된 이후에는 일어를 교과목에 포함시키기 시작하였다.

일곱째, 여학교에서는 여자들에게 실생활에 필요한 실업과목을 가르쳤다.

또한 오천석(1975)은 그의 저서 「한국신교육사」에서 기독교학교가 우리 사회에 기여한 바를 다음과 같이 7가지로 들고 있다.

첫째, 우리나라에 서양의 교육제도를 처음으로 이끌어 들이고 신학문을 전입하는 일에 개척적 구실을 하였다.

둘째, 그 교육과 서양인 목사와의 접촉을 통하여 서양의 문물과 그 사상과 사고방식을 이 나라에 소개 전달함으로써 서양인을 '오랑캐'로 보던 자아존대사상을 버리고 자국의 진정한 위치와 모습을 깨닫게 하였다.

셋째, 양반이나 서민의 자제를 차별 없이 받아 교육시킴으로써 계급사상을 깨뜨리고 교육의 기회평등의 원칙을 세웠다.

넷째, 여자를 위한 교육을 실시하여 남녀평등의 사상을 실천함으로써 가르쳤다.

다섯째, 가난한 학생에게 일을 주어 스스로 학비를 조달케 함으로써 노동의 정신과 자주자립의 정신을 가르쳤다.

여섯째, 정 과목 외에 운동경기와 연설회 토론회 같은 것을 부가함으로써 지적 특히 기억을 위주로 하는 편파적 교육을 지양하고 전인교육을 실천함으로써 교육의 새로운 의의를 받게 하였다.

일곱째, 교육을 개인영달의 수단으로 삼던 전통적 교육사상을 깨뜨리고 교육의 목적을 사회봉사에 두었다.

요약하면, 이러한 기독교학교 교육과정은 표면적인 편제상으로나 교과서 내용면에서는 영성과 지성이 분리된 근대주의 교육의 이원론적인 접근의 성격을 가지나 실제적인 교육활동면에서는 이러한 이원론적 접근을 극복하고 있다고 볼 수 있다. 이는 초기의 선교사들의 복음에 대한 이해가 부르심에 대한 개인의 응답에만 머무르지 않고, 개인을 둘러싼 사회현실에 대한 통전적 회복으로까지 이어지고 있었던 데에 기인한다고 보여진다. 이는 교사였던 선교사들의 삶이 교육선교의 장과 연결되면서 교육의 실제는 교과목 편제와 교과서 내용에 묶이지 않았다는 것을 의미한다. 이로써 기독교학교는 당시 한국사회의 교육에서 회복되어야 할 중요한 요소들 즉, 교육의 목적, 교육의 대상 그리고 세계관 등에 중요한 대안을 제시하였다고 말할 수 있다. 이로써 근대화와 민족교육에의 기독교학교 교육의 기여는 기독교적 시각에서 삶의 전 영역에 대한 통전적 회복이라는 중요한 의미를 가진다고 말할 수 있다.

5. 근대(1885~1909) 기독교학교의 교육의 특징

근대 기독교학교 교육과정은 외형적으로는 근대교육의 영성과 지성을 분리하는 이원론 접근에 근거한 것으로 보인다. 그러나 실제 교육활동을 살펴보면 한말의 개신교포교활동의 억제정책에도 불구하고 당시 기독교학교 교육의 전반이 개인구원과 삶의 전 영역의 회복으로 이끌리고 있음을 확인할 수 있었다.

이것은 명시적 교육과정으로 이루어진 것이 아니라 당시 교사였던 선교사들에 의한 비형식적 교육과정에 의해 이루어졌다고 볼 수 있다. 이러한 통합방식은 교사를 통한 통합과 교육과정을 통한 통합으로 분류한 게블라인(Graebelein, 1991)의 통합분류방식에 의한다면 '교사를 통한 통합'이라고 말 할 수 있다. 당시 교사들은 자신의 삶을 온전히 거룩한 산 제사로 드리는 선교사들이었고 이들의 삶을 통해 나오는 교육은 곧 기독교정신이 실천됨으로써 교사를 통한 통합이 이루어졌다고 보여진다.

한편 박상진(2006)은 교육에서의 영성과 지성의 통합을 4가지 모델로 나눈다. 그 첫째는 학생을 대상으로 하는 전도를 통해 기독교인 화하는 학원선교모델이고, 둘째는 기독교정신으로 무장한 인재양성을 목적으로 하는 탁월성모델이며, 셋째는 모든 학생에게 기독교적인 것을 가치로 설정하여 기독교적 영향력을 끼치려고 하는 도덕성모델이고, 넷째는 영혼구원은 물론 모든 교육의 영역이 기독교적 실천을 추구하는 기독교적 통합모델이다. 이러한 분류에 의하면 근대 기독교학교 교육과정은 외형적으로는 학원선교모델에 가깝지만, 실제로는 명시적 수준에서의 통합이 이루어지지 않았음에도 불구하고, 교사를 구심점으로 모든 영역에서 기독교적 실천을 추구하는 기독교적 통합을 지향하고 있는 모델이라고 말할 수 있다.

이러한 초기 기독교 학교 교육과정의 통합의 문제가 현대 한국 기독교학교에 주는 시사는 무엇인가? 즉 현대 기독교학교의 교육과정이 이루어야 하는 외적 통합 즉 개인의 구원이 삶의 전 영역으로 확대되어야 하는 일과 교육과정의 내적 통합 즉 기독교적 세계관에 의해 교육내용을 재구성해야 하는 일에 어떠한 시사를 주는가?

첫째, 한국 기독교학교는 개인의 영혼구원 뿐 아니라 삶의 전 영역의 회복을 도모하는 방향으로 교육과정이 접근되어야 한다는 점이다. 이를 위해서는 당대 교육의 근대화와 교육구국과 같은 오늘날의 우리나라 교육문제는 무엇인가에 대한 올바른 이해가 선행되어야 하고, 기독교 교육의 시도는 먼저 한국 교육의 맥락에서 회복되어야 할 부분이 무엇인가에 대한 진단에서 출발되어야 한다. 따라서 우리에게 남겨진 과제는 기독교학교의 성급한 설립보다는 한국교육을 기독교적 시각으로 이해하는 일과 우리교육에서 회복되어야 할 부분에 대한 기독교적 안목을 기르는 일이 먼저 일어나야 할 것으로 본다. 이러한 점에서 우리교육에서 가장 심각하게 회복이 필요한 부분은 물질주의라고 여겨진다. 교육이란 '돈으로 살 수 있는 어떤 것이고, 높은 보수와 명예를 매개로 삶의 질을 보장하는 어떤 것이고 교육을 어떠한 방법으로 사든지 그것은 개인의 자유다'라는 것이다. 앞으로 시도되어지는 기독교 학교교육은 어떠한 형태이든 이러한 점에 대안으로 나아가야 한다.

둘째, 교육과정의 내재적 통합을 인지적 영역에서의 통합에 국한하여 명시적 교육과정에만 국한시키지 말아야 할 것이다. 알버트 그린(Albert Green, 2002)이 주장하는 것처럼 기독교 철학에 뿌리를 둔 교육과정과 이에 따른 교과서를 가지는 것은 기독교학교의 실행에 매우 중요하다. 그러나 이러한 명시적 교육과정의 절대적 이상에 매달리는 것은 또 다른 한편으로 중요한 부분을 놓치게 할 수 있다.

교사를 통한 통합에서 가장 핵심적인 요소는 "지성적이고 확신에 찬 기독교적 세계관을 가진 교사"라고 할 수 있다. 중요한 것은 교육과정 개발보다는 어떻게 "지성적이고 확신에 찬 기독교적 세계관을 가진 교사"를 세우느냐의 문제이다. 게블라인(Gaebelein, 1991)은 이를 위해서 가장 먼저 오랜 세월을 지나는 동안에 굳어진 우리의 잘못된 태도를 근본적으로 새롭게 하는 데서부터 시작되어야 한다고 했다. 기독 교사들은 어떤 지엽적인 문제의 대안을 마련하는 데 우선 순위를 두기보다는 세속적 사고방식이 자신들의 마음에 어느 정도나 스며들었으며, 자신들의 가르침을 어느 정도나 물들여 놓았는지를 먼저 연구해야 한다고 지적한다. 또한 '모든 생각을 사로잡아 그리스도에게 복종케 한다'(고후 10:5)는 말씀을 삶 가운데 실천하기 위해서 말씀 공부가 필요하다고 말하고 있다. 그는 국어 교사의 경우에, 갖춰야 할 것은 국문학의 고전에 대한 헌신과 함께 삶의 터전을 이루게 하는 성경에 대한 지식이라고 한다. 이러할 때 그가 참으로 기독교적인 것과 국문학을 억지로 짜맞추려하지 않아도 성경에 젖어든 그 마음과 그의 인성으로부터 흘러나오는 기독교적 입장과 견해들이 그의 수업 가운데에서 아주 자연스럽게 전달되어 질 수 있다는 것이다.

생각해 볼 문제

1. 우리나라의 근대화에 기독교 교육이 어떻게 기여했는가?

2. 왜 당시 기독교 교육이 조선시대 말 한국 사회 교육의 대안으로서의 역할을 할 수 있었는가?

03 공교육에서의 기독교교육

1. 기독교교육의 범위
2. 공립학교에서의 기독교교육의 가능성
3. 기독교학교에서의 기독교교육의 가능성
4. 기독교교육과 교과서개발

황폐된 우리의 교육현실에 대안학교가 아합의 때와 같은 불순종의 시대에 엘리야와 같은 역할을 한다면, 공교육체제내의 기독교사의 일은 고위관직에서 하나님의 사람들을 구했던 오바댜의 일과 같다고 비유할 수 있다. 공교육체제내에서 기독교 교육은 우리가 생각하는 것 이상으로 다양한 형태로 가능하다. 그래서 국가수준의 교육과정을 재구성한 것은 대안의 부분에 지나지 않는다. 만일 그것이 오류가 없는 완전한 것이라도 이것을 기독교교육의 열쇠가 될 것이라고 기대하는 것은 잘못이다. 기독교교육에 대한 열정과 기대는 교육과정대신 학생들을 향해있어야 한다.

우리가 좀더 기독교적으로 좋은 교과서를 가지는 일은 중요하다. 그러나 아이들의 구원과 견주어볼 때 이것은 이차적인 것이라고 할 수 있다. 교육을 나무를 기르는 일이라고 할 때 교사가 영향력을 가질 수 있는 본질적인 방안은 무엇인가? 말씀의 지배하에 행함으로 사랑을 실천하는 능력을 가지는 것이다. 교육은 사람을 변화시키는 것이라면, 궁극적인 변화는 좋은 교과서를 가지는 것이 아니라 교사를 통한 하나님의 사랑으로 사람을 변화시키는 것이다.

1. 기독교교육의 범위

공교육체제내에서 기독교적 교육과정의 가능성과 방향에 대해 생각해 볼 수 있는 질문은 다음과 같다.

- 공교육체제 속에서 국가수준 교육과정을 기독교사는 어떻게 이해해야 하는가?
- 공교육체제하에서 기독교적 교육과정 접근이 과연 가능한가?
- 가능하다면 어떠한 수준에서 가능한가?
- 기독교학교나 대안학교의 경우에만 기독교적 교육과정이 가능한가?
- 교사가 교육과정을 재구성하여 현장에서 아이들을 가르치는데 교육과정 재구성 측면 에서 기독교적 가르침은 어느 정도 가능한가?

공교육 체제 속에서 기독교적 교육과정의 가능성과 방향은 무엇인가? 우선 논의에 앞서서 기독교교육을 하고 있는 경우를 나누어 보면 다음과 같이 세 종류로 나눌 수 있다. 첫째는 대안학교와 홈스쿨링을 들 수 있다. 이 경우 교육의 기독교적 모색은 얼마든지 자유롭게 할 수 있고, 최근에 시작하거나 시작을 앞둔 프로그램은 기존에 학교교육에서 보아온 틀을 깨는 새로운 시도들을 하고 있다. 이러한 시도들이 좋은 결실들을 맺는다면 장차 교육계에 새로운 대안을 제시할 수 있으리라고 생각된다. 왜냐하면 한국 근대교육시기에서도 미션스쿨이나 교회주일학교 그리고 선교회의 데이스쿨들은 일반 근대학교교육의 성립에 중요한 영향을 미쳤었기 때문이다(김정효, 2003).

두 번째는 기독교학교나 미션스쿨에서 하는 기독교 교육이다. 대개의 번역된 기독교교육이론서는 기독교학교의 기독교 교육을 전제로 하고 펼쳐진 이론들이다. 그래서 참고할만한 기독교교육과정과 대안들은 많은 편이다. 그러나 이들 책의 맥락은 우리나라처럼 국가수준의 교육과정을 가지지 않거나 사회전반의 기독교적 문화배경이 우리와 다른 미국이나 캐나다 등에서 나온 책들이다. 현실적으로 국가수준의 교육과정아래 국정교과서 혹은 검인정교과서를 사용해야하는 우리의 기독교학교에 적용하기가 힘든 경우들이 있다.

세 번째의 기독교교육은 일반 공사립학교에 있는 기독교사가 하는 교육이다. 이 세 가지 경우들은 모두 독특한 방식으로 하나님나라의 확장과 한국교육에 중요한 역할을 하고 있다. 그러나 개인적으로 필자는 세 번째의 경우에 관심을 가져왔다. 왜냐하면, 사범대학의 제자들이 모두 공립학교 교사가 되어 이러한 맥락에 처할 뿐 아니라, 수효를 따져보면 이 경우가 제일 많은 경우를 차지할 것이라고 생각되고, 하나님나라의 확장에 중요한 역할을 할 수 있으리라 믿고 있기 때문이다. 또한 어떤 경우는 미션스쿨의 기독교사들이 일반공립학교의 교사와 크게 다르지 않는 환경에 처해 있기 때문에 이에 대한 기독교적 교육과정의 논의에서 우선 순위를 두어야 한다고 생각한다. 따라서 여기서는 공교육체제내의 일반학교에서의 기독교교육의 가능성에 대해 다루어 보고, 기독교학교에서의 기독교적 교육과정구성과 교과서개발에 대해 다루어 보려고 한다.

2. 공립학교에서의 기독교교육의 가능성

1) 교육법적 차원에서의 기독교교육의 가능성

성경은 상전에게 순종할 것(엡6:5-7)과 가이사의 것은 가이사에게로 돌릴 것을 말씀하시며(마 22:21) 세상의 권위에도 순종하라고 하신다. 따라서 공교육체제하의 기독교사들은 적법한 범위 내에서 학습자 개인의 교육적 필요에 부응하고, 민족공동체를 책임질 차세대를 교육하는 일에 최선을 다해야 한다.

우리나라의 법은 종교교육에 대해 어디까지를 적법하다고 하는가? 우리 모두가 알다시피 공교육체제 내에서의 종교교육의 가능성은 헌법 제20조 ①항의 "모든 국민은 종교의 자유를 가진다"는 조항과 교육기본법 제 6조 ②항의 "국가 및 지방자치단체가 설립한 학교에서는 특정한 종교를 위한 종교교육을 하여서는 아니된다"라는 조항에 근거한다. 종교의 자유와 공교육의 종교적 중립성의 법적 규정은 우리나라뿐 아니라 미국, 심지어 사회주의 국가인 중국에서도 동일하다. 그러나 공교육에서 드러나는 "어떤 것"을 공교육의 종교적 중립성의 위배와 개인의 종교적 자유의 침해로 볼 것인지 하는 것은 그리 간단한 문제가 아니다.

동일한 법하에서도, 미국의 경우 오하이오주 주교육위원회는 18:0 만장일치로 2003년 공립 고등학교를 위한 과학교과과정에 생명의 기원과 관련해서 진화론을 비판하는 창조론을 허용하기로 했다(국민일보, 2003. 2.10). 그런가 하면 중국의 경우는 학교교정이라는 곳에서는 어디에서도 신앙행위가 불가능하다. 실제 연변과학기술대학에서는 교내 기숙사에서 찬송가를 부를 수 없고, 개인적 차원의 예배를 드릴 수 없도록 되어 있다. 그렇다면 우리나라의 경우 이 법조항에 대한 적용은 어떠한가? 1995년 12월 박은배교사의 유권해석 요청에 대한 교육부의 해석은 "의무적인 교육과정이나 학교행사로 하는 것을 금하는 것이지 교사와 학생이 정상적인 교육활동에 지장을 주지 않는 범위 내에서 학교 내에서 활동을 하는 것은 가능하다"고 말하고 있다(전국교육자선교회 2003학년도 동계대회 자료집. 29). 구체적으로 특별활동이나 동아리 활동, 신우회활동 같은 것을 말하고, 당시 나온 교육부의 새학교문화창조 책자에서도 학생자치활동 활성화차원에서 각종 종교관련동아리들의 활동을 장려하고 있어서 교육부의 유권해석과 맥을 같이 하고 있다고 밝히고 있다. 이상에서 본 바와 같이 동일한 법 규정에 대한 각 나라의 해석은 그 나라의 정치 문화적 배경에 따라 다양함을 알 수 있다.

더 본질적으로 교육이 탈가치적일 수 있느냐 혹은 국가에서 주도하는 공교육체제가 과연 탈가치적일 수 있느냐는 것이다. 미국교육과정의 변천 모습을 심층적으로 분석한 교육사학자 클리바드(Kliebard, 1986)역시 교육이 어떠한 신념과 불가분의 관계인 것을 다음과 같이 지적한다. 교육과정개혁 운동의 배후에는 항상 첨예하게 대립한 네 이해집단(인본주의자, 발달론자, 기능주의자, 갈등주의자)이 확인 되는데 이 세력들은 자신의 이데올로기와 학교에서 무엇을 가르칠 것인지의 영역을 가지고 첨예하게 대립하여 치열한 싸움을 벌여왔다고 말하고 있다. 또한 이전의 교육사상가들의 배경을 보아도 종교적인 혹은 정치적인 일과 무관하지 않다. 현대교육학의 아버지라고 불리우는 코메니우스(Comenius)의 교육학은 구교 개신교의 30년 전쟁 속에서 세상의 구원을 종교에서 찾기를 기원했던 그의 종교적 신념의 발로였다. 한편 아동중심교육사상의 기원을 이룬 루소(Rousseau)의 교육사상은 자연적 인간의 한계를 부인하고 종교라는 이름으로 인간을 속박하는 기성사회에 대해 항거하여 에밀을 집필하였다. 또한 2002년 한국근현대사 교과서 파동사건도 결코 교육이 그 사회의 정치적 기득권으로부터 자유로울 수 없다는 것을 말해 주고 있다. 그밖에 교육사의 무수한 많은 일들이 교육이 가치와 무관하지 않다는 것을 말해준다.

따라서 학교교육의 종교적 중립성의 문제는 그 사회의 공동체의 보편적 정서에 따른 유권해석의 문제일 수 있다. 즉 그 사회의 보편적인 교육정서가 그것을 종교적 중립성을 가졌다고 판단해 주느냐의 문제이다. 또한 교회가 가지는 그 사회에서의 영향력과 신뢰의 정도와도 무관하지 않은 것 같다. 따라서 우리의 교수행위가 가지는 적법성을 세상의 기준에 맞추려고 하기보다는 우리의 관점에서 그 합법성의 경계를 넓혀가려는 노력이 있어야 한다는 것을 인식할 필요가 있다(고전6:4). 성경에서 "하나님이 우리에게 주신 것은 두려워하는 마음이 아니요, 오직 능력과 사랑과 근신하는 마음이니(딤후 1:7)."라고 말씀하신다.

2) 기독교 진리관에서의 기독교교육의 가능성

이상과 같이 법적 차원에서 유권해석의 폭을 넓히려는 노력이 지속되어진다 하더라도, 현재 특별활동으로 국한되어 있는 일반학교에서의 기독교적 교육의 가능성은 교과를 통해 학습자와 만나는 공교육체제 내에서의 대부분의 기독교사에게는 만족스러울 수 없다. 우리들은 우리들 대부분의 시간을 할애하는 교과교수에서 자신의 가치관을 반영하고 싶어하고, 기독교사로서의 교과전문성을 확대해 나아가기를 원한다. 이것이 가능한 것인가? 기독교적 지식관 혹은 진리관에 입각할 때 이러한 가능성은 열려지게 된다고 말할 수 있다. 즉 "진리는 인격적이라는 것"과 "그것이 참으로 진리이기만 하다면 그것은 하나님에게 속한다"는 기독교적 진리관은 공교육체제 내에서 기독교 교육 혹은 기독교적 교육과정의 가능성을 한층 높여준다.

성경적 지식의 본질은 인지적인 차원을 넘어 인격적 차원에 있다. 즉 진리는 과학적 지식이라기보다 인격과 관련된다. 무엇을 안다는 것은 인지적 기능을 사용하여 회상하거나 표상할 수 있는 것을 의미하는데 그치지 않는다. 무엇을 안다는 것은 전인적인 반응을 의미하기 때문이다. 인지적 기능과 감정, 그리고 실천적 반응, 즉 위임까지를 포괄한다. 성경에서도 인격으로 오신 예수님은 자신을 진리라고 하셨다(요 14:6).

페네마(Fennema, 1997) 역시 이러한 성경적 지식관에 입각하여 교육을 예방적 교육, 교정적 교육, 그리고 상담 등으로 나누고 있고 예방적 교육을 크게 잠재적 교육과정과 명시적 교육과정으로 나눈다. 잠재적 교육과정 즉 분위기에서는 기쁨, 사랑, 안정감, 존중을 배우는데 이는 인성에 매우 중요한 부분을 차지한다. 따라서 언어를 통해 가르치는 명시적 교육과정은 일부분에 지나지 않는다. 이렇게 볼 때 명시적 교육에서 이루어지는 교육은 매우 부분적인 것임을 알 수 있다. 따라서 우리가 할 수 있는 교육을 명시적 교육과정으로 국한하는데서 벗어날 필요가 있다. 이를 통해 기독 교사들이 그들의 교육을 학교교육의 인지주의적 오류에서부터 출발하려고 하지 않는다면 우리의 교수행위는 표면적 교육과정을 충족시키되 이를 초월하여 기독교적 접근을 할 수 있다는 기회를 가질 수 있다.

기독교적 진리관에 입각해 볼 때, 현대교육의 실패는 잘못된 이성에 관을 씌우고 자기본위에서 출발된 잘못된 지식관에서 비롯되었다고 볼 수 있다(고전 6:2). 따라서 우리는 세상 교육자들이 매이는 것과 같은 매임에 빠질 필요가 없다. 기독교사가 아닌 어떠한 교사가 하는 교육도 자신의 신념과 무관하기는 불가능하기 때문이다. 그래서 진리가 인격이라고 하는 전제에서는 교사가 제시해 줄 수 있는 지식은 인격이 배어 있는 어떤 것이고, 교사가 가진 종교적 신념과 그가 하는 교육을 분리하는 것은 불가능하다.

아동과 교사의 토의에 대한 선호유형에 대한 벤겔러스(Vengelers, 1997)의 연구에 따르면 관점제시의 문제에서 다양한 관점만 제시하거나, 혹은 자신의 관점만을 제시하는 교사보다는 학습자들은 다양한 관점을 제시하고 그 차이를 비교해 주며, 이에 대한 교사자신의 관점을제시하는 토론유형을 제일 선호하는 것으로 나타났다. 교사는 교과서에 제시된 내용이 진리이기만 하다면 그것을 제시하고 자신의 기독교적 관점을 제시할 수 있으리라고 본다. 이것은 지식을 인지적 차원에 묶어 두는 일에서 더 나아가게 한다.

지난주 개인적으로 하는 한 성경공부에서 한 교사가 하는 이야기는 이점에 대해 중요한 예증이 되었다. 이 교사는 4학년 담임으로 환경단원에서 어린이들과 양재천과 홍제천을 방문하고 와서, 결론적으로 자연친화적인 개천의 조성이 생태계를 살리며 환경오염을 막게 된다는 것을 정리하면서, "선생님은 우리도 자연처럼 하나님의 원리에 따라 살아야 할 것 같다고 느꼈다"라고 한마디 덧붙였고 몇몇 아이들이 머리를 끄덕이는데 자신도 놀랐다고 고백했다.

교과서의 사실과 이론을 제시하면서 이에 대한 교사의 관점을 제시하는 것이 다음 〈표 3-1〉에서와 같이 기독교인 교사의 교육적 적용을 가능하게 할 수 있다. 예를 들어, 진화론, 이라크전쟁, 낙태문제, 혼전관계의 문제, 배아줄기세포 등 첨예한 갈등의 문제들에서도 다양한 관점을 제시하고 나서, 동의를 강요하지 않고 교사의 개인적인 관점을 제시할 수 있다. 아이들은 선생님이 어떻게 생각하는지를 알고 싶어한다. 이때 교사의 관점에 동의하지 않는 학습자들에게도 교사의 관점 제시는 타협으로 풀리지 않는 갈등의 문제

〈표 3-1〉 공립학교 기독교사의 입장 제시의 예

기독교학교 주제진술	공립학교 주제진술
숲(the forest)	숲(the forest)
... 이것들을 창조주 하나님께 대해 감사하는 마음으로 반응하도록 할 것이다. 아동은 나무를 돌보지 않고 나무를 사용하기만 하는 것이 가지는 나쁜 영향을 이해할 것이다. 생명의 각 국면들과 상호의존성의 원리들은 아동이 하나님의 계획을 이해하고, 어린 아동이라 할지라도 다른 사람의 축복이 될 수 있는 능력에 대해 인식해가는 것을 격려하게 될 것이다.	... 이들은 나무를 돌보지 않고 나무로부터 빼앗아만 가는 것이 가지는 나쁜 영향에 대해 이해하게 될 것이다. 생명의 각 국면과 상호의존성과 같은 원리는 아동으로 하여금 이들은 어린 아동이라 할지라도 이들이 공동체에 기여할 수 있는 능력을 가지고 있다는 것을 알아갈 수 있도록 개인적 삶의 경험과 연결되어 질 수 있다.

가 존재한다는 일상의 현실을 보여주는 중요한 계기가 될 것이다.

그러나 교과서에 제시되어 있는 사실이 진리가 아닌 경우에 대해서는 대가를 각오하고 말할 수 있는 용기도 필요할 것 같다. 워싱턴주의 한 생물교사는 창조론 교과서가 채택되기 이전에, 진화론을 주장하는 헤켈의 배아그림에 대해 허구라고 가르침으로써 학교에서 쫓겨나는 사태를 맞기도 하였다(국민일보 2003.2.10.). 우리가 학교에서 하나님과 동행하며 생활하는 전인적 존재로서 설 수 있다면, 공교육체제 내에서도 하나님에게 속한 모든 진리를 가르치면서, 세상의 소금과 빛으로, 그리고 그리스도의 향기로 살 수 있는 기회를 얻을 수 있을 것으로 본다.

기독교와 교육의 통합방식에 대해 게블라인(Gaebelein, 1991)은 교사를 통한 통합과 교육과정을 통한 통합이 있을 수 있다고 제시한다. 이 분류방식을 적용하여 일반 공교육체제 내에서의 기독교적 교육과정의 가능성은 교사를 통한 통합이라고 할 수 있고, 이를 "teacher-based curriculum(교사중심교육과정)"이라고 명명하는 것도 좋을 것 같다. 교육과정학자들은 이상적 교육과정, 문서수준의 교육과정, 실행수준의 교육과정, 또는 아동중심교육과정, 단위학교교육과정(school-based curriculum) 등 그 필요에 따라 다양한 학술용어들을 만들어 왔다. 이에 대비하여 기독교사의 세계관에 입각한 교육실현이라는 의미에서 일반학교에서의 기독교적 교육과정을 "교사중심교육과정"이라고 할 수 있을 것이다.

기독교적 교사중심교육과정에 대해 좀더 많은 개념화가 필요하겠지만, 여기서 교사들에게는 지성적이고 확신에 찬 기독교적 세계관을 가지는 것이 필요하다. 이를 위해서 가장 먼저 오랜 세월을 지나는 동안에 굳어진 우리의 잘못된 태도를 근본적으로 새롭게 하는 데서부터 시작되어야 하리라고 본다. 그리하여 기독교사들은 학급경영의 전략에서만이 아니라 교수의 중심이 되는 교과지도에서도 기독교적 교과전문성을 가지고 기독지성을 개발하기 위해 노력하는 것이 중요하다. 그러나 이것이 대안마련의 방법론적 추구보다는 교사자신의 새롭게 됨에서부터 시작되어야 할 것이다.

3. 기독교학교에서의 기독교교육의 가능성

1984년에 시행된 제4차 교육과정 이후 종교교육에 대한 교육부의 방침에는 큰 변화가 있다. 지금까지 고등학교 수준에서 종교과목을 교양선택 중 하나로 지정, 운영하는 것이 가능했다. 다만 학교가 종교과목을 부과할 때는 종교 이외의 과목을 포함, 복수로 과목을 편성해 학생에게 선택의 기회를 줘야한다.

6차교육과정, 7차교육과정 그리고 2007개정 교육과정과 2009개정 교육과정에서 종교교육에 관한 내용을 비교해보면 〈표 3-2〉와 같다.

중학교의 경우, 6차교육과정에서는 종교관련 과목을 국가수준의 교육과정에서 지정하고 있지 않으나, 시·도의 교육과정 편성, 운영 지침에 의거해 사전에 필요한 절차를 거친 후(교육감 인정) 학교에서 선택교과 중 기타과목으로 종교과목을 설정해 운영할 수 있다. 7차교육과정에서는 학교에서 시·도의 교육과정 편성, 운영 지침에 따라 교과재량 활동의 기타 선택과목으로 종교과목을 편성(주당 1~3시간)해 운영할 수 있다. 아울러 교과재량활동뿐만 아니라 창의적 재량활동시간(주당 1시간)을 활용해 학교특성에 따라 종교활동을 할 수 있도록 하고 있다.

고등학교의 경우, 6차교육과정에서는 교양선택 중 종교과목이 개설(3년간 4단위 이수 가능)돼 있으므로 학교에서 편성, 운영할 수 있다. 다만 교양선택에서 종교과목을 부과할 때에는 종교 이외의 과목을 포함, 복수로 과목을 편성해 학생에게 선택의 기회를 줘야 한다.

7차교육과정에서는 1학년의 경우, 교과재량활동 중 선택과목에 배정된 4~6단위 중에서 종교과목을 개설할 수 있으며, 2,3학년의 경우, 선택과목에 배당된 136단위 중에서 학교가 28단위 이상 지정할 수 있으므로 이를 활용해 종교과목을 개설, 운영하는 것이 가능하다. 아울러 1학년의 경우, 창의적 재량활동시간(2단위)을 활용해 학교의 특성에 따라 종교활동을 할 수 있다. 유의해야 할 점은 6차교육과정과 마찬가지로 7차교육과정에서도 학교가 종교과목을 부과할 때에는 종교 이외의 과목을 포함. 복수로 과목을 편성해서 학생에게 선택의 기회를 줘야 한다는 것이다. 결론적으로 교육과정 개정에 따른 종교교육 내용은 크게 변화된 바 없으며, 오히려 7차교육과정에서는 종교교육에 관한 학교의 재량권이 더욱 확대됐다고 할 수 있다.

<표 3-2> 국가수준 교육과정에서 중, 고등학교 종교과목

	중 학 교	고 등 학 교	비 고
제6차 교육 과정	• 선택교과 중 기타 과목으로 종교과목을 설정하여 운영할 수 있음. • 연간 34~68시간 이수 가능(학교가 한문, 컴퓨터, 환경 이외에 기타 필요한 교과를 선택교과로 설정, 운영하고자 할 경우에는 시. 도의 교육과정 편성, 운영 지침에 의거하여 사전에 필요한 절차를 거쳐야 한다.)	• 교양선택 중 종교과목 개설(4단위) • 3년간 4단위(68시간) 이수 가능(교양선택에서 종교과목을 부과할 때에는 종교 이외의 과목을 포함. 복수로 과목을 편성. 학생에게 선택의 기회를 주도록 한다.)	
제7차 교육 과정	• 교과재량활동의 기타 선택과목으로 종교과목을 편성하여 운영할 수 있음 • 연간 34~102시간 이수 가능(선택과목을 개설할 경우, 학교는 2개 이상의 과목을 동시에 개설함으로써 학생들의 선택권이 보장되도록 유의한다.)	• 1학년의 경우: 교과 재량활동 중 선택과목에 배정할 수 있는 4~6단위를 종교과목으로 개설할 수 있음 • 2, 3학년의 경우: 선택과목에 배당된 136단위 중에서 학교가 28단위 이상 지정할 수 있음 • 사학의 경우, 학교의 건학이념에 따라 종교과목을 개설하여 운영 가능(학교가 종교과목을 부과할 때에는 종교 이외의 과목을 포함. 복수로 과목을 편성, 학생에게 선택의 기회를 주어야 한다.)	• 창의적 재량활동에서도 학교의 특성에 따라 종교 활동을 할 수 있음(중학교: 주당1시간, 고등학교: 2단위)
2007 개정 교육 과정		• 종교과목명이 '생활과 종교'로 바뀜.	(참고사항) • 선택 중심 교육 과정의 총 이수 단위는 144 단위로, 선택 과목에 136 단위, 특별 활동에 8 단위로 나누어 편성한다. 출처-2009개정 초·중등학교 교육과정 총론 신구 대조표
2009 개정 교육 과정		• 일정 규모 이상의 학생이 이 교육과정의 편제에 있는 특정 선택 과목의 개설을 요청할 경우, 학교는 이를 개설해야 한다.	(참고사항) • 학교의 특성, 학생·교사·학부모의 요구 및 필요에 따라 학교가 자율적으로 교과(군)별 수업 시수를 20% 범위 내에서 증감하여 운영할 수 있다. 출처-2009개정 초·중등학교 교육과정 총론 신구 대조표
관련 법률	• 헌법 제20조 ①항. 모든 국민은 종교의 자유를 가진다. • 교육기본법 제6조 ②항. 국가 및 지방자치단체가 설립한 학교에서는 특정한 종교를 위한 종교교육을 하여서는 아니된다.		

이상과 같이 공교육체제 내에서 기독교적 교육이 가능하다고 할 때, 보다 구체적으로 2007개정 교육과정과 2009개정 교육과정기에서는 기독교적 교육과정의 가능성은 확대되어질 수 있을 것인가? 박순경(2005)은 2007개정 교육과정은 7차교육과정의 방향에 변화를 주지 않고 장점을 부각하며, 단점을 보완하는 식의 기존 교육과정의 개선 수준이 될 것이라고 전망했다. 구체적으로는 다음을 주안점으로 제시한다.

- ▶ 주5일 수업제 대비 초・중등학교 적정 수업 시수의 판단, 조정
- ▶ 교과 교육과정의 적정화
- ▶ 수준별 교육과정과 수업에 대한 현실적 처방
- ▶ 고등학교 선택중심 교육과정의 내실화
- ▶ 교육과정 편성・운영의 자율화 유도
- ▶ 학습자의 인성, 창의성, 자기주도성 강화

학교중심교육과정으로 단위학교의 자율성의 확대가 교육과정에 중요한 이슈가 되어질 전망이고 이는 기독교학교에서도 주요한 요소로 받아들여질 수 있는 부분이라고 생각한다. 그 외의 현안으로는 이동식 수준별교육과정 운영과 통합교육과정 등도 주목된다. 이러한 교육과정개정방향은 세계적인 교육과정의 경향과 맥을 같이한다. 나장함(2005)은 통합교육과정, 자국의 역사의식, 외국어 교육, 컴퓨터 교육 등에 대한 강조와 교육의 지방분권화 등은 각국 교육과정의 세계적인 추세이고, 가르치는 것(teaching)에서 학습(learning)으로, 투입(inputs)에서 산출(outcomes)로, 학교교육(schooling)에서 평

생교육(lifelong learning)으로, 중앙통제(centralized control)에서 통제 공유(shared control)로, 분화된 학습(categorized learning)에서 통합된 학습(integrated learning)으로, 문서화된 교육과정(curriculum as document)에서 과정으로서의 교육과정(curriculum as process)으로 전환되고 있는 것도 주요한 경향성이라고 지적한다.

또한 세계적인 맥락에서 교육의 세계적 수렴 현상이 벌어지고 있고 이에 한 원인은 많은 국가들이 교육과정을 자국의 학생들이 세계주의적인 정체성을 갖고 지구화된 환경에 보다 편안하게 적응할 수 있도록 양육하기 위하여 실용적인 융통성과 문제해결력 등을 포함하는 형식으로 개정하고 있다.

이러한 2007개정 교육과정의 방향은 구체적으로는 교육과정 편성과 운영의 자율성과 학습의 개별성과 자기주도성의 성격의 강화로 나타나고 있다고 보인다. 이러한 자율성의 확대는 "단위학교자율성의 확대"와 "창의적 재량시간" 등에서 구현할 수 있도록 하고 있다. 단위학교교육과정의 장려는 기독교학교의 교육과정 재구성에 호제가 될 수 있다. 그러나 7차교육과정 총론과 최근 나온 2007개정 교육과정과 2009개정 교육과정의 논의를 볼 때, 이러한 자율성은 학교급별, 지역별, 그리고 교과별 차이에 대한 수용을 의미하고 있음을 알 수 있다. 따라서 기독교사들이 기대하는 만큼의 각 개인의 기독교적 교육철학을 실현할 수 있는 자율성을 자동적으로 보장받는 것을 의미하지는 않는다. 또한 자율성의 확대는 다원주의 이데올로기의 확산을 가속화하거나, 자율성에 대한 심의가 강화되어 오히려 악제로 작용할 수도 있다. 즉 보다 민감하게 교육과정 재구성에서 있을 수 있는 어떠한 불균형에 대한 보안책이 마련될 수도 있다는 것이다.

또한 수준별교육과정은 속진제 등 실질적인 보안책의 마련으로 더욱 강화될 전망인데 이러한 인적자원개발의 조기화는 교육의 비인간화를 가져올 수 있다. 학습의 개별화를 포함한 모든 종류의 자율성의 확대는 기독교의 배타적 진리관에 결코 우호적이지 않을 수 있다.

향후 교육계의 다양한 변화들 즉 사립학교법개정안에서 사립학교의 공공성을 확대하기 위한 방안들, 또 교과서 채택의 광역화를 포함한 교과서 검인정 체제개선을 위한 논의들(황후조, 2002)은 오히려 2007개정 교육과정과 2009개정 교육과정의 개정의 방향보다 더 심각하게 기독교학교의 기독교 교육과정 재구성 및 기독교 교과서채택에 대체로 부정적인 영향력을 미칠 수 있다.

그러나 분명히 2007개정 교육과정과 2009개정 교육과정의 단위학교교육과정의 자율성의 확대는 기독교학교가 기독교정신에 보다 근접한 교육과정을 실현할 수 있는 중요한 기회가 될 수 있다. 그러나 우리는 보다 본질적으로 이러한 교육과정이 서있는 학문적 흐름에 대한 프란시스 쉐퍼(Schaeffer)와 로이드 존스(Lloyd Jones) 등과 같은 현대기독지성들의 전망에 귀를 기울여야 한다. 이들은 결코 학문이 기독교에 대해 우호적인 방향으로 진행되지 않을 것을 이야기 해왔다. 따라서 학교단위교육과정에 대한 기대는 마치 포스트모더니즘에 대한 기독교계의 초기 낭만적 기대를 생각나게 한다. 초기 포스트모더니즘이 앎의 방식을 다원화 함으로써 기독학자들은 이성을 초월한 앎 즉 계시에 대해 학문적 논의가 가능하게 될 것으로 기대하였으나, 오히려 포스트모더니즘의 반정초주의적 성격은 현대사회가 신봉하는 다원주의 이데올로기의 철학적 기반이 되었다. 이는 배타적 진리관을 가지는 기독교정신에 정면으로 도전하게 되었고, 이미 각 교과별 교과서에서는 관념주의적 논리보다는, 막시즘을 기반으로 하는 사회적 구성주의라는 이름의 유물론적 논리가 우의를 점하고 있어서 (정희영, 2000) 상대주의적 가치관과 물질적 가치관이 교육과정 전반을 물들여 놓았다.

4. 기독교교육과 교과서개발

120년 기독교역사를 맞이하며 기독교계는 질적인 성장을 위한 다양한 모색들이 있었고, 여기에서 기독지성의 계발은 중요한 이슈가 되고 있다. 기독교 교육계에서도 기독교적 교과전문성을 확보하고 차세대의 기독지성을 교육하려는 노력은 부단히 되어왔다. 최근 10여년 사이에 기독교 교육과정 재구성에 대한 관심이 고조되어 왔고, 최근에는 본격적으로 기독교 교과서개발이 논의 되고 있다. 검인정교과서체제에서 기독교적 관점이 반영된 교과서를 선택의 폭으로 가질 수 있다는 것은 기독교학교와 기독교사들에게는 상당히 고무적인 일이다. 그러나 이를 진행하는데 있어서 몇 가지 반드시 고려해야 할 일들이 있음을 지적하고 싶다. 이를 기본신조와 전략으로 나누어 생각해 보면 다음과 같다.

1) 기독교교육 실현의 목적

첫째, 이일은 간접적인 사역이며, 전면적인 교육회복의 출발로 간주되어서는 안된다. 우리는 왜 기독교 교과서를 만들려고 하는가? 분명히 차세대를 기독지성으로 키우기 위한 일일 것이다. 그러나 기독교과서 사용이 교육의 기독교화를 가져올 수 있는 일인가?

이 일에 대해 20세기 영국을 대표하는 기독지성인 로이드 존스(Lloyd Jones)가 'Christianity Today'잡지와 가진 작고 1년 전의 고별 인터뷰의 한 도막(목회와 신학, 1998. 10)은 우리에게 중요한 시사를 전해 준다.

> **질문:** "현대의 복음전도운동 그 자체에 대해 특별히 어떤 점들을 염려하고 계시는가요?
>
> **답:** 한마디로 말하자면 조직화된 캠페인이 마음에 들지 않습니다. ... 중략.... 우리가 계속하여 조직하는 일에 매달리는 한 사람들은 하나님 앞에 무릎을 꿇고 자신들에게 임하여 자신들을 치유해달라고 간구하지 않을 것입니다. 제가 보기에 캠페인식 접근법은 궁극적으로 성령의 권능보다 기교를 신뢰하는 것 같습니다..... 복음주의는 비신학적이었으며 경건주의적이고, 감상주의적이었습니다. 저는 지성을 최대한 발휘할 것을 역설했습니다. 그러나 지금 많은 복음주의자들은 자기 지성을 지나치게 의식하고 있습니다. 어떤 이들은 기독교의 예술관, 드라마관, 정치관 같은 이차적인 것들에 마음이 사로잡혀 있습니다."
>
> **질문:** 우리에게 설령 24시간이나 48시간밖에 남아있지 않다하더라도 정치분야 혹은 기타 어떤 분야에서든 기독교적 증언을 하지 않는다는 것은 그리스도인의 사회적 책임을 회피하는 짓이며 하나님의 섭리를 불신하는 것이라는 그런 견해에 대해 목사님은 동의하십니까? 하나님은 최후의 몇 시간 안에도 일찍이 하시지 않았던 어떤 일을 이루실 수 있지 않을까요? 우리가 종말에 가까이 다다를수록 공공양심에 호소하는 일이 더욱더 중요해지지 않을까요? 꼭 사회의 모든 분야에서 그리스도가 요구하는 바를 역설해야 하지 않겠

습니까? 그리고 사람들이 그리스도를 받아들이든 받아들이지 않든지 간에 재림하실 왕께서 인간과 열방을 심판하실 때 사용하실 기준에 대해 우리가 그들에게 상기시켜주어야 하지 않을까요?

답: 아니오. 동의하기 어려울 것 같군요. 제가 생각하기에 주님 자신이 역설하신 바는 이와 전혀 다르고 오히려 상반되기까지 하는 것 같습니다. 누가복음 17장을 보세요. 거기에 이런 말씀이 있습니다. "노아의 때에 된 것과 같이 인자의 때에도 그러하리라 노아가 방주에 들어가던 날까지 사람들이 먹고 마시고 장가들고 시집가더니 홍수가 나서…" 우리가 세상을 개혁할 수 없습니다. 그렇기 때문에 저는 창세기 1장 28절에 근거한 "사회명령과 문화명령"에 대한 가르침에 전혀 동의할 수 없습니다. 이것은 창세기 3장에 기록된 인간의 타락을 완전히 망각한 것이라고 봅니다. 우리가 세상을 기독교화 할 수는 없습니다. 종말의 때는 노아홍수의 때와 같을 것입니다.

"장차 올 진노에서 피하라!" 이것이 우리가 전보다 더욱 열심히 전해야 할 메시지입니다. 현대세계의 상황이 우리가 이렇게 해야 한다는 것을 증명해주고 있습니다. 지금은 중요한 시국입니다. 그리스도인들은 마땅히 정치에 관여하고 사회적인 일에 개입해야 한다고 믿습니다만 그러나 교회는 아닙니다. 교회가 수행해야 할 하나님나라의 임무는 인간을 그리스도께로 인도해 장차 올 진노에서 구원받게 하는 것입니다. 바로 이것이 제가 믿는 바이며 또 강조하는 것입니다. 정치와 문화 및 이와 유사한 모든 것들의 주요 기능은 악을 억제하는 것입니다. 이러한 것들은 어떤 궁극적인 긍정적 사역을 결코 이룩할 수 없습니다. 확실히 세계의 역사가 이를 실례로 보여줍니다. 세상을 결코 기독교화 할 수 없습니다.

질문: 중생한 사회가 새로운 사회이며 영원히 지속할 유일한 사회라는 사실, 또 세상 그 자체는 결코 기독교화 될 수 없고 새로운 사회로 바뀔 수 없다는 사실, 그리고 중생을 떠나서는 하

나님의 나라에 들어갈 길이 없다는 사실 등은 우리가 그대로 인정합니다. 그렇다 치더라도 교회는 세상에서 빛과 소금의 사명을 감당해야 하지 않을까요? 제도적인 교회가 정치에 관여해서는 안된다 할지라도 그리스도께서는 그리스도인들을 사회제도 속에 침투시켜 경건과 정의를 보여주도록 함으로써 악과 죄 및 자신의 대의를 파괴시킬 온갖 세력을 향해 승리의 영역을 확장시키고 싶지 않을까요? 그리스도인들이 사회를 기독교화 하는 것은 바랄 수 없다하더라도 선한 일과 정의로운 사회를 위해 일해야 하지 않겠습니까?

답: 물론입니다. 이러한 노력이 세상의 부패를 막을 것입니다. 그러나 이런 일은 전적으로 소극적인 것이라고 생각합니다. 이를 적극적인 사역으로 간주하고 싶지 않습니다.

질문: 어느 곳이나 어느 시점에서 그리스도인의 노력을 통해 기독교문화라 할 수 있는 것이 나타나는 것은 불가능할까요?

답: 예 결코 그러한 것은 오지 않을 것입니다. 모든 성경이 그와 상반되고 있습니다. 그것은 불가능합니다. 세계의 현재 상황을 보면 모든 문명이 흔들리고 있습니다. 도덕적인 면, 정치적인 면, 그리고 기타 모든 면이 붕괴에 직면하고 있습니다. 확실히 이 보다 더 위험한 고비는 일찍이 없었습니다. 이러한 시대에 우리가 전해야 할 가장 긴급한 메시지는 "장차 올 진노에서 피하라!"는 것이어야 한다고 저는 생각합니다.

이상과 같은 로이드 존스의 말에 비추어 본다면, 기독교적 교과서에 우리가 걸 수 있는 기대는 최소화되어야 한다. 물론 교과서는 우리나라 교실상황에서는 절대적인 기준으로 작용한다고 보여지고, 교과서 개발에는 많은 시간과 노력이 필요하며, 기독교적 교과서가 기독교교사들의 기독교적 교육실현에 큰 도움이 될 수 있을 것이다.

그러나 그렇다 하더라고 결코 이것이 전면적 교육의 회복을 위한 첫 단추로서의 의미부여는 할 수 없음을 기억하고 출발해야 할 것이다.

둘째, '교육과정'이라는 개념이 가지는 세속적 관점 교육과정관에 대한 경계도 아울러 필요하리라고 본다. 대안학교 교과서가 아닌 이상 기독교 교과서도 국가수준의 교육과정을 만족해야 한다. 그러나 2007개정 교육과정과 2009개정 교육과정을 재구성하기 보다는 2007개정 교육과정과 2009개정 교육과정에서 사용될 수 있는 교육과정을 구성한다는 입장에 서 있어야 하리라고 본다. 페네마(Fennema)가 말했듯이 명시적 교육과정은 교육의 여러 측면의 일부에 지나지 않는다는 관점을 늘 견지해야 할 것이다. 우리가 기억해야 할 것은 기독교 학교에서의 성공은 기독교 교과서를 가지느냐 보다는 교육공동체가 그리스도의 몸으로서의 교회지체의식 형성과 헌신의 정도인 것은 두말할 나위없다.

2) 전략적 제언들

국정교과서는 교육과학부의 책임하에 한국교육개발원, 교육과정평가원 등의 연구기관이나 한국교원대학과 서울교육대학교, 연구학회 등이 주체가 되어 개발진으로 교육부, 일선학교교사, 교수, 교육청 등 관련된 각계각층의 사람들로 연구진, 집필진, 심의진을 구성한다. 또한 검인증교과서를 출판하는 개발자들은 매우 다양하다.

총론에서 주문되어진 사항들을 중심으로 새로운 교과서를 개발하기 위한 기본 방향과 구조를 제시하고 실제 개발된 단원의 예를 보여주게 되면, 집필진이 각 맡겨진 단원을 구성하고 그것을 다시 연구진이 검토하고 이를 심의진이 심의하게 된다. 교과서는 입장차로 개발진과 심의진이 굉장한 진통을 겪을 때도 있다. 이러한 일련의 과정을 거치면서 결국 교육과정은 국가수준의 교육과정정책과 국가연구기관이 중요한 모든 것을 결정하게 된다.

우리나라의 경우 기독교교과서 개발에 있어서는 창조론 교과서가 2000년과 2003년 검인정교과서 채택에서 기각되어온 사실이 있다. 2000년 이화여대 이양림교수가 만든 창조론 교과서는 진화론을 균형있게 제시하여 1차심사에 통과하였으나(표면적으로는) 절차상의 문제 때문에 결국 채택되지 못하였다고 기록되어 있다(www.kinds.co.kr). 이러한 실패의 경험을 거울삼고, 다른 나라의 기독 교과서채택에서 가질 수 있는 교훈을 고려하여 전략적인 모색이 필요하리라고 본다.

미국에는 기독교단체에서 나온 교과서들이 [그림 3-1], [그림3-2], [그림 3-3], [그림 3-4], [그림 3-5]에서 보는 바와 같이 있다. 이중 미국의 창조론 과학교과서가 공식으로 채택된 데에는 3가지 이유가 있다.(국민일보, 2003.2.10) 첫째는, 과학적으로 인정받을 수 없는 폐기처분된 진화론 헤켈의 배아같은 자료가 기존의 고교생물교과서에 버젓이 소개되어 진화론의 허구를 스스로 드러내었다. 둘째는, 캄브리아대폭발과 같은 쟁점사항에 대해 기존의 진화론과학자들의 언급이 전혀 없었다는 점이다. 마지막으로는, 오히려 진화론이 열린 마음과 비판적 사고에 기초하지 않고 교리처럼 주입되어왔다는 점 등이 대안으로 창조론 교과서를 채택한 이유로 들고 있다.

물론 모든 사건 이면에는 하나님의 인도하심 특히 하나님과 관련된 모든 일에는 그분의 각별한 인도하심의 손길을 볼 수 있지만,

객관적 논리로 이야기 해 본다면, 이는 창조론교과서가 진화론보다 더 타당한 이론으로 인정되어 채택 되었다기 보다는 기존의 교과서가 가지는 문제에 대한 대안이 필요했기 때문에 채택되었다고 볼 수 있다. 개발되어지는 기독교 교과서가 일반교육과정에서 찾고 있는 대안을 함께 담아낼 수 있다면 교과서채택의 확률을 더욱 높이지 않을까 여겨진다. 다시 말해 일반교육과정의 발전적 대안이 될 수 있도록 각 교과의 필요를 보다 면밀히 분석하고 차차 교육과정의 요구를 기독교적 내용과 어떻게 통합하여 담아낼 수 있을까 하는 연구가 반드시 필요하리라고 본다. 예를 들어, 이동식 수준별 교육과정운영에서 최근 그 필요가 절실한 수준별교과서로 개발한다든지, 통합교육과정의 필요를 채우기 위한 통합형 교과서로 개발해 본다든지 하는 등은 고려해 볼만한 일이다. 이러한 발전적 대안 제시라는 전략은 교과서 개발이 아닌 프로그램개발에서도 매우 중요하다. 한 예로 초등학교 창의재량시간의 프로그램개발 등도 고려해 볼만한 일이다. 이것은 세상적 논리에서 인정할 수 있는 객관적 필요를 어느 정도 고려할 필요가 있다는 것이다.

지금까지 공교육에서의 기독교적 교육과정의 가능성을 일반공립학교에서는 교사중심교육과정(teacher-based curriculum)으로, 기독교학교에서는 학교단위교육과정의 자율성확대에서 찾아보고자 했다. 그리고 기독교 교과서 개발에 대해 기본신조와 전략에서 고려해야 할 몇 가지를 제언하였고, 특히 대안적 교육과정개발이나 교과서 개발이 국가교육과정에 대한 저항으로 비춰지지 보다는 발전적 대안으로 고려될 수 있도록 최선의 노력을 할 필요가 있다는 것을 상조하였다. 우리의 싸움은 혈과 육의 싸움이 아니다. 최근 미국의 인성교육자들은 많은 글에서 종교가 미국의 교육 특히 인성교육에 얼마나 공헌해왔는지에 대해 의견을 피력하고 있다(Damon, 2003). 서두에 말했듯이 우리의 기독교교육도 우리나라 근대교육에 많은 긍정적인 영향을 미쳤고 지금도 많은 기독교사들이 교육의 회복을 위해 일선학교에서 중요한 역할을 한다. 황폐된 우리의 교육현실에 대안학교가 아합의 때와 같은 불순종의 시대에 엘리야와 같은 역할을 한다면, 공교육체제내의 기독교사의 일은 고위관직에서 하나님의 사람들을 구했던 오바댜의 일과 같다고 비유할 수 있다. 하나님은 진리이시므로 모든 진리는 하나님께 속한다. 국가수준의 교육과정을 재구성한 것은 대안의 부분에 지나지 않는다. 만일 그것이 오류가 없는 완전한 것이라도 이것을 기독교교육의 열쇠가 될 것이라고 기대하는 것은 잘못이다.

우리가 좀더 기독교적으로 좋은 교과서를 가지는 일은 중요하다. 그러나 그 대가를 생각할 때 아이들을 변화시키는 일과 어떤 것이 보다 본질적인 것인가? 교사가 영향력을 가질 수 있는 방안은 무엇인가? 말씀의 지배하에 행함으로 사랑을 실천하는 능력을 받는 것이다. 교육은 사람을 변화시키는 것인데 궁극적인 변화는 좋은 교과서에서가 아니라 하나님의 사랑만이 사람을 변화시킬 수 있다.

ACSI 교과서

Lesson 32

Construct Meaning

"Then everyone came whose heart was stirred, and everyone whose spirit was willing, and they brought the LORD's offering for the work of the tabernacle of meeting." Exodus 35:21

The last five chapters of the Book of Exodus describe the building and establishing of God's Old Testament dwelling place on earth—the tabernacle, or Tent of Meeting. The Israelites contributed their gold, silver, bronze, fine linens, animal hides, and wood to the construction of the tabernacle.

If 1,326 pounds of gold and 987 pounds of bronze were collected during a certain period of time, about how much more gold than bronze was offered?

We can estimate for a close answer. Round both minuend and subtrahend to the closest hundred.

$$\begin{array}{r} 1{,}326 \\ -\ \ 987 \\ \hline \end{array}$$

Because 2 < 5, we keep the hundreds digit as 3.

Because 8 > 5, we round 9 up. Because there is no greater digit than 9, we move to the next higher place value, 1,000.

1,300	**rounded minuend**
− 1,000	**rounded subtrahend**
300	**estimated difference**

About 300 more pounds of gold were offered.

[그림 3-1] 수학 4 교과서

출처:Andie Rice(2000) Mathematics 4, ACSI

Lesson 6

Construct Meaning

In odd numbers the ones place contains a 1, 3, 5, 7, or 9. In even numbers the ones place contains a 0, 2, 4, 6, or 8. Look up each reference. Is the number being described odd or even?

Genesis 48:1
Genesis 49:28
Matthew 12:40
Matthew 26:34

Check Understanding

In the story of the feeding of the five thousand, there are several references to odd and even numbers. On your paper, draw the even and odd pictures shown below. Under the correct drawing, list the numbers you find when you read Mark 6:30–44.

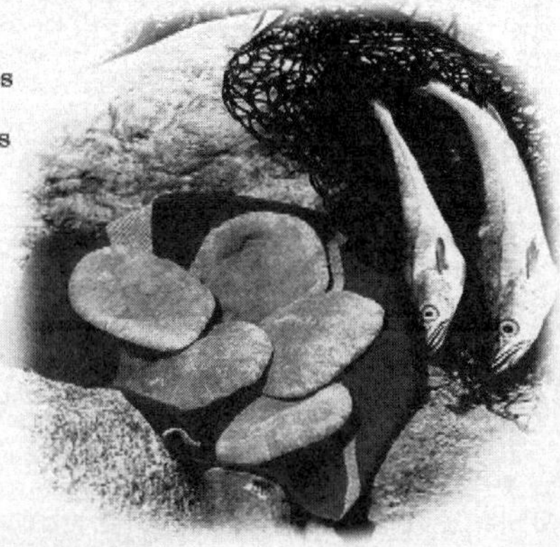

Practice

Use your Bible to answer the following questions. Write *odd* or *even* after each number.

1. How many books of the Old Testament are there?
2. How many books of the New Testament are there?
3. How many books of the Bible are there altogether?
4. How many chapters are in the Book of Ruth?
5. How many verses are in Matthew chapter 1?
6. How many pages are in your Bible?
7. Round that page number to the nearest *ten*, *hundred*, and *thousand*.

[그림 3-2] 수학 4 교과서

출처:Andie Rice(2000) Mathematics4, ACSI

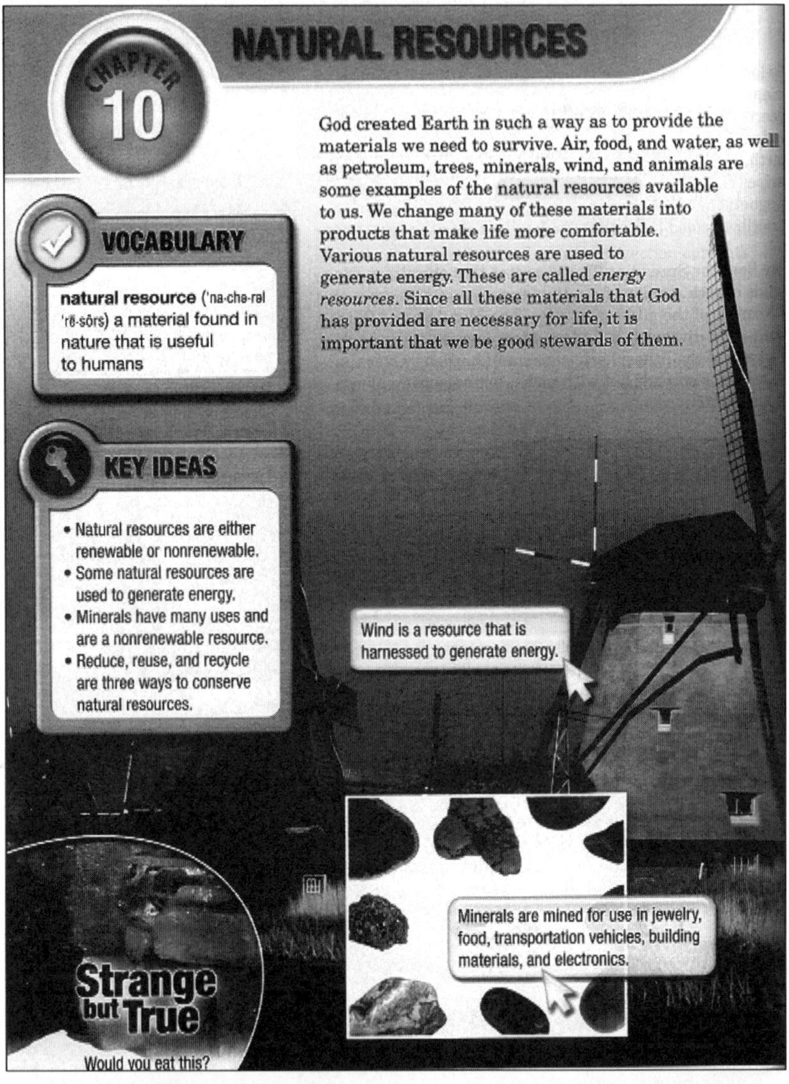

[그림 3-3] 과학 5 교과서

출처:Derek Kinan(2008). Changes science level five, ACSI

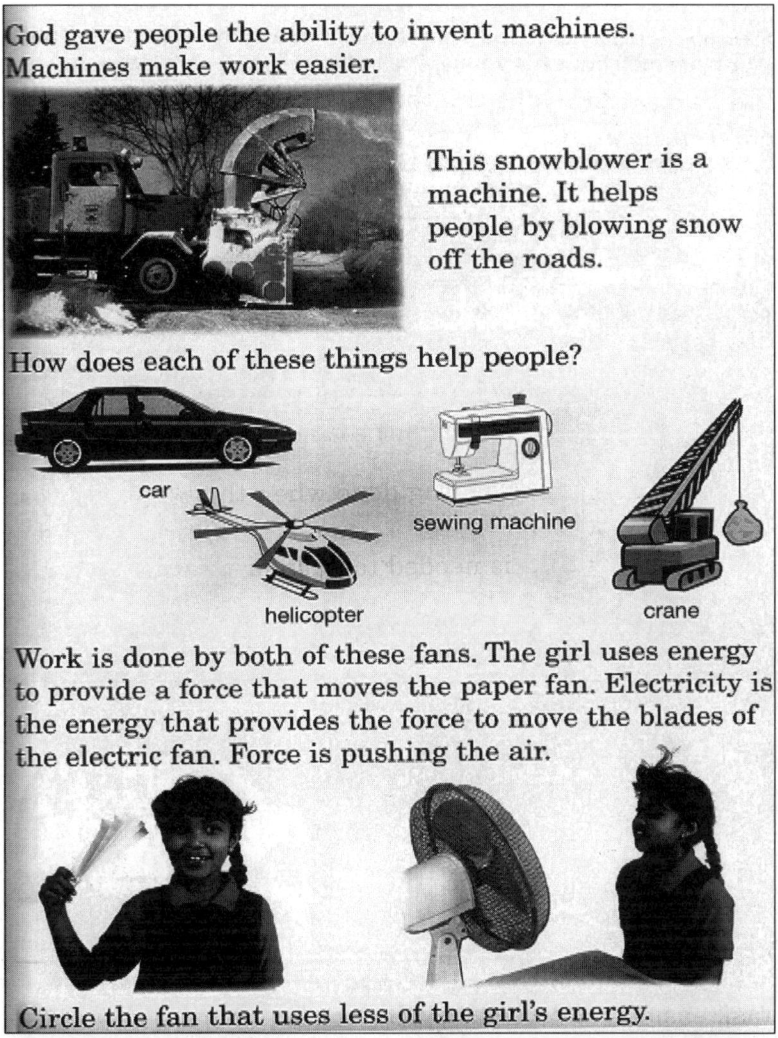

God gave people the ability to invent machines.
Machines make work easier.

This snowblower is a machine. It helps people by blowing snow off the roads.

How does each of these things help people?

car

sewing machine

helicopter

crane

Work is done by both of these fans. The girl uses energy to provide a force that moves the paper fan. Electricity is the energy that provides the force to move the blades of the electric fan. Force is pushing the air.

Circle the fan that uses less of the girl's energy.

[그림 3-4] 과학 1 교과서

출처 : Derek Kinan(2003) purposeful design Science Level 1, ACSI

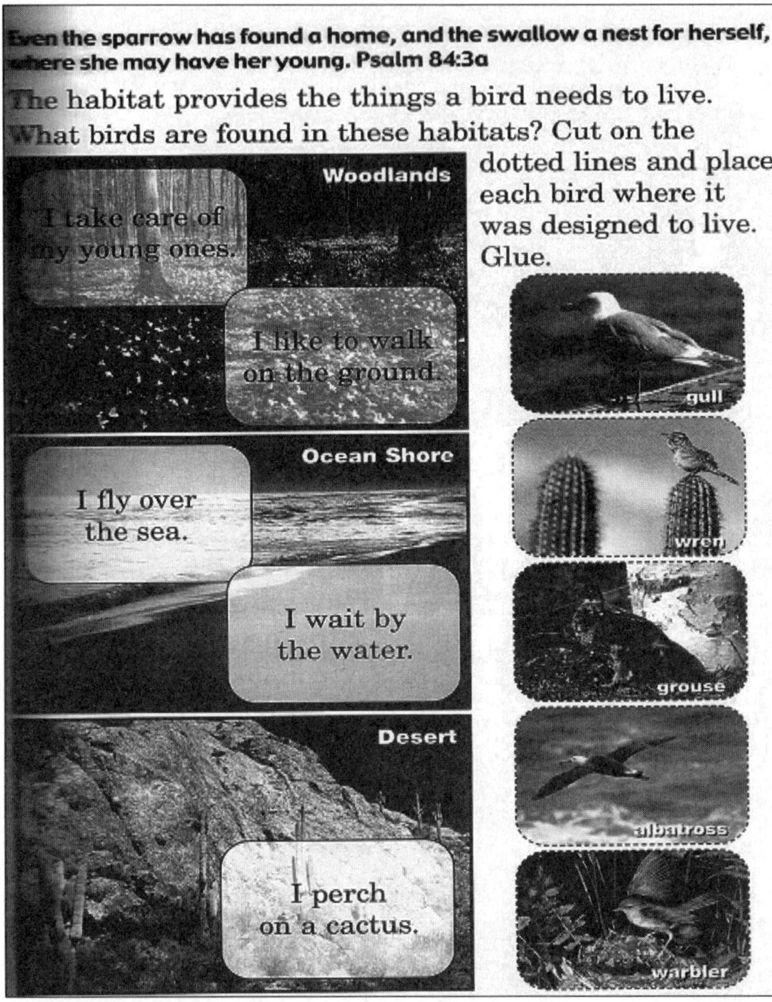
Even the sparrow has found a home, and the swallow a nest for herself, where she may have her young. Psalm 84:3a

The habitat provides the things a bird needs to live. What birds are found in these habitats? Cut on the dotted lines and place each bird where it was designed to live. Glue.

Woodlands

I take care of my young ones.

I like to walk on the ground.

Ocean Shore

I fly over the sea.

I wait by the water.

Desert

I perch on a cactus.

gull

wren

grouse

albatross

warbler

[그림 3-5] 과학 1 교과서

출처 : Derek Kinan(2003), purposeful design Science Level 1, ACSI

생각해 볼 문제

1. 공교육에서 기독교사들은 어떤 역할을 할 수 있겠는가?

2. 미션스쿨에서 예배를 거부했던 강의석군 문제에 대해 어떤 관점을 가지고 있는가?

04 기독교교육에서의 교사와 아동

1. 기독교사의 재교육
2. 교사가 알아두어야 할 성경구절
3. 기독교사가 방문해야 할 사이트
4. 아동의 신앙발달

한국의 상황은 신앙적인 열정을 가진 기독교사들은 더러 볼 수 있다. 그러나 우리들은 진정한 의미에서 기독교적 세계관으로 무장되어 있지 못하며, 우리들의 삶이 통전적 회복을 향해 나아가고 있는지 의문스러운 경우도 많다.

교사로서 우리의 교육력은 삶에서 비롯되기 때문에 삶의 전반적인 회복을 도모하겠다는 의지가 없이는 기독교사로서의 생명력 있는 사역이 불가능할 수 있다. 이렇게 볼 때 기독교사의 반성적 실천력의 문제는 교수행위뿐 아니라 교사의 삶 전반에 대한 것이 되어 일반교육학적인 교사교육의 범위를 넘어선다. 이러한 교사교육의 방향전환을 위해 우리는 무엇을 어떻게 해야 하는가?

1. 기독교사의 재교육

한국기독교사교육은 긴박한 필요에 놓여 있을 뿐만 아니라 학문중심적이고 현장괴리적인 한국의 교사교육의 한계를 넘어서야 한다. 그리고 기독교세계관에 입각한다면 기독교사교육은 새로운 지평을 열 수 있는 가능성을 가지고 있다. 그러나 한국의 상황에서 기독교학교(선교학교를 포함하여 논의함)가 교사를 확보하는데 처한 가장 심각한 문제는 무엇인가? 그것은 우리의 교사들이 가진 전문적인 지식이 학문적인 수준에 머무는 것이 문제라기보다는 보다 본질적으로 이들의 교육전문지식이 기독교적 세계관과 무관하게 습득되었고, 그들의 교수행위와 신앙이 이원론적인 구조 속에 머물러 있는 것이 더 큰 문제이다. 따라서 기독교학교의 교사교육의 당면 과제는 교사들이 자신의 교수행위에 배어있는 세속적인 관점을 어떻게 인식하고 대안을 모색할 수 있도록 하겠느냐라고 볼 수 있다.

한국의 상황은 신앙적인 열정을 가진 기독교사들은 더러 볼 수 있다. 그러나 우리들은 진정한 의미에서 기독교적 세계관으로 무장되어 있지 못하며, 우리들의 삶이 통전적 회복을 향해 나아가고 있는지 의문스러운 경우도 많다. 교사로서 우리의 교육력은 삶에서 비롯되기 때문에 삶의 전반적인 회복을 도모하겠다는 의지가 없이는 기독교사로서의 생명력 있는 사역이 불가능할 수 있다. 이렇게 볼 때 기독교사의 반성적 실천력의 문제는 교수행위뿐 아니라 교사의 삶 전반에 대한 것이 되어 일반적인 교사교육에서의 범위를 넘어선다.

쉐퍼는 영성을 참된 영성(True Spirituality)과 추한 영성(Ugly Spirituality)으로 구분했다(김국환, 2006).

참된 영성이란 하나님과 이웃을 사랑하고 그리스도의 복음을 실천하려는 성경적 앎과 그리스도인의 삶의 조화를 추구하려는 영성이다.

그리고 잘못된 영성이란 다음과 같은 것을 말한다.

1) 신비주의 성향의 영성- 이성에 대한 부정적 자세에서 비롯되는 초월주의적 성향.
2) 이원론적 성향의 영성- 영과 육을 구분하여 영을 가치있는 것으로 인식하고, 육은 무가치한 것으로 치부하는 성향.
3) 신 오순절주의 성향의 영성- 성경에 근거를 두지 않고 영적 경험이나 체험, 감성중심의 성향
4) 초 영성주의 성향의 영성- 성경의 말씀을 부정확하게 해석하려는 성향.

결론적으로 쉐퍼의 영성은, 그리스도의 주권이 그리스도인의 삶의 영역에 영향을 미칠 수 있는 전인적인 영성을 말한다.

그러므로 기독교사들은 재교육을 통해 이러한 전인적 영성을 갖출 수 있도록 하여야 한다. 교회교육이 아닌 일반교육에 대한 기독교사교육은 아세아연합신대의 교육대학원, 한동대학의 교육대학원, 그리고 고신대 대학원, 그리고 각 학교들의 자체 재교육프로그램(예를 들어, 이세벨과 지구촌학교의 기독교사세움터, 수원기독교학교의 초임교사프로그램), 그리고 Western Trinity University의 기독교세계관 학위과과정과 디플로마과정 등이 있고 이러한 과정은 대체로 재교육성격을 가진다. 이러한 기독교사교육은 다음과 같은 방향으로 나아가야 한다.

첫째, 학교급별로 조금은 다른 맥락이 존재하지만 기독교학교 교사교육은 직전교육보다는 재교육으로 가야 한다는 것이다. 유아교사의 경우 많은 신학대학에서 유아교육과가 있고 교회부설의 유치원에서 기독교교육과정을 실현하는 경우도 있다. 그러나 초등과 중등의 경우는 국가의 교원정책에 규제를 받고 있어서 교사교육과정과 교원수에 통제를 받고 있다. 따라서 기독교사교육을 위한 새로운 기관을 만든다고 할 때, 우리나라 교원양성정책에 대해 염두에 둘 필요가 있다.

최근 한국사회는 2015년을 기점으로 학령인구가 줄어들어 2020년에는 학령인구의 1/3이 줄어들게 된다. 최근 2007년에는 교대 정원은 8%가 감소되었고 2008학년도에는 5%감소를 목표로 하고 있다(교육인적자원부 교원양성연수과, 2007). 또한 현재 25%정도의 취업률을 보이는 사범대학을 조정하기 위한 방안으로 국립사범대의 전문대학원방안(국립사범대의 6년제)이 작년부터 보도, 검토되고 있다. 이러한 맥락에서 볼 때 기독교학교 교사교육을 위한 새로운 교사양성기관을 인가받기는 쉽지 않을 듯하다. 그래서 헌신되어 있는 교사들이 요구하는 재교육의 필요를 채우는 것이 현실적으로 더 긴박한 문제인 것 같다. 그러나 미래의 교사교육을 위한 교육자를 염두에 둔다면 디플로마 과정과 함께 학위과정으로 연계할 수 있는 프로그램이 필요하다. 그러나 직전교육을 위해서는 이와 함께 이미 존재하는 기독교대학교의 사범대학 회복에 대한 구체적인 실천방안이 마련될 수 있어야 한다.

둘째, 통합된 기관이 필요한가의 문제이다. 우리의 경우 기독교사의 재교육기관이 이제 막 시작단계에 있다. 따라서 현실적으로 강사진 확보의 문제가 어려울 수 있지만, 아직은 다양한 모색을 통해 보다 발전적인 모델을 개발해 볼 수 있는 여지를 어떠한 방식으로든 열어두는 것이 필요하다고 본다. 또한 콘소시엄 형태도 생각해볼 만하다. 한편 다양한 방식으로 외국의 교육기관과의 공동학위수여제도 생각해 볼만하다.

셋째, 궁극적으로는(교원임용법과 관련한 다양한 문제가 있을 수 있겠지만) 국가자격증과는 별도로 기독교사 인증기관 같은 것을 세워서 교사교육의 통제를 기독교육계가 자치적으로 가질 수 있어야 한다.

넷째, 교사교육에서 교육현장과 연계된 성찰적 실천력을 기를 수 있는 교사교육을 위해서 학교현장에서 교육공동체의 문화 변화가 우선적으로 필요하다. 교사가 자신이 봉착한 교육의 문제를 노출하고 고민의 장으로 동료를 초청하며, 함께 성장하려는 신뢰의 분위기를 학교에서 먼저 조성하는 것이 필요하다는 것이다. 이러한 학부모, 학생, 교사의 교육공동체 연대의식이 없이는 교실 문이 열리고, 예비교사를 환영하며 자기 평가를 위해 평가를 달게 받기를 기대하는 것은 어려운 일이 될 수 있다. 따라서 교사교육은 현장의 개혁과 함께 갈 수 있는 문제라고 여겨진다.

마지막으로, 기독교사교육의 교육과정에는 성경을 깊이 있게 이해하는 교과목이 반드시 기초과목으로 필요하다. 그 예로 호주의

National Institute for Christian Education 프로그램을 장 끝에 제시한다. 기독교 교사교육은 교육의 문제를 기독교적 세계관으로 조명하여 훈련하는 것이 주된 부분이 된다. 그러기 위해서는 기독교세계관을 이해해야하고, 기독교세계관을 구축하기 위해서는 성경의 이해가 기본이 되어야 한다. 그리고 그 이해는 지적인 이해를 넘어 전인적인 이해를 의미해야 한다. 여기서 아세아연합신대(ACTS) 교육대학원과 한동대학 교육대학원 교육과정, 그리고 NICE 교육과정을 그 예로 살펴보고자 한다. 다음과 같이 〈표 4-1〉은 ACTS 교육과정, 〈표 4-2〉 한동대 교육과정, 그리고 〈표 4-3〉은 NICE 교육과정을 나타낸다.

1) ACTS 교육대학원 교육과정

◎ **교육목적:**

교육대학원에서는 신본주의와 복음주의에 입각하여 교육을 이해하고 한국의 교육현장에서 실천할 수 있는 교사들을 배출합니다. 신앙과 교육실천이 통합되고 우리의 교육현장에서 가장 필요한 것을 만들어 내는 능력을 키우기 원합니다. 학교교육을 기독교세계관 위에 세우기 위하여 각 교과를 어떻게 기독교적 세계관에 입각하여 가르칠 수 있는지, 기독교학교에서 사용할 교재와 교육지침서를 만들기 위하여 교육내용, 교수방법, 평가방법 등을 연구합니다.

◎ **교육목표:**

1. 신본주의, 복음주의에 입각하여 교육의 전과정을 연구할 수 있는 능력을 키우도록 합니다.

2. 기독교적 세계관에 입각하여 교육활동을 체계적으로 계획하고 운영할 수 있는 능력을 갖추도록 합니다.

3. 신본주의적 교육을 할 수 있는 교사로서의 자질을 갖추게 합니다.

<표 4-1> ACTS 교육대학원 교육과정표

세부 전공	교육학석사(Master of Education)	
상 담	상담의 이론과 실제 가족상담 청년발달과 기독교상담 이상심리 집단상담 상담실습 및 사례연구 진로상담	인간관계와 갈등상담 아동발달 행동수정 학습심리 심리검사 성격심리 생활지도연구
교육 과정	기독교 세계관과 교육 학교문화와 기독교교육 교육과정 개발 실습 교수-학습이론 통합교육과정 교실에서의 전도와 제자양육 수행평가 의 이론과 방법 기독교교육철학 교수방법 및 학습양식 세미나	인간발달이론 연구방법세미나 기독교학교 교육과정 이론 교수- 학습평가 다지능이론과 교육 기독교학교교육과정 개발실습 기독교적 학급 운영 교수방법연구

출처: www.acts.ac.kr

2) 한동대학교 교육대학원

◎ **교육목표** :

인본주의와 진화론으로 교육의 가치관이 무너지고 학생간 신뢰가 사라졌습니다. 흔들리는 사회 속에서 복음으로 무장된 기독인재를 양육하기 위하여 법/정치/경제/사회 등의 일반사회교육분야와 창조론과 인간복제 등의 생명윤리가 중요한 생물교육분야에서 기독교세계관과 창조론을 바탕으로 기독교사들을 새롭게 양성하고, 교육교재를 개발하여 교육방법을 세우고자 합니다.

◎ 개설전공 :

일반사회교육전공 :

정치, 경제, 사회, 법률, 문화 등 사회과학 분야에서의 사회과 교과 전공과목과 교과교육과목을 기독교세계관적 관점에서 심층적으로 교수, 탐구하고자 한다. 또한, 강의와 토론을 통하여 창의적이고 적극적인 사고를 개발하고 교사로서의 바람직한 인간상을 정립시킴으로써, 교육현장에서 일반사회교육은 물론 청소년들의 올바른 가치관 형성과 창의적이고 적극적인 인재의 양성에도 크게 기여할 수 있다.

생물교육전공:

생물교육전공은 기독교 세계관적 생명과학에 대한 깊은 이해와 연구를 통해, 생명현상과 올바른 생명관, 첨단 생명과학기술의 내용과 이 시대에서의 올바른 역할에 이르기까지 폭 넓은 지식을 갖춤으로써 창조세계의 청지기적 생명과학을 가르칠 수 있는 교육자를 양성하고자 한다. 예수 그리스도의 제자된 이 교육자들을 통해 인류의 질병과 오염된 환경을 치유함으로 이웃 사랑을 실천하는 미래의 생명과학자들이 양육되어질 것이다.

◎ 교육과정표 :

<표 4-2> 한동대 교육대학원 교육과정표

<table>
<tr><th rowspan="2">구분</th><th>일반사회 교육 전공</th><th>생물 교육 전공</th></tr>
<tr><th>교과목 명</th><th>교과목 명</th></tr>
<tr><td>공통 필수</td><td colspan="2">현대 세계관의 기초(기독교 세계관의 기초)/ 창조론 대 진화론/ 과학사와 과학 철학/ 윤리/Mission Perspective or 기독교 상담(GSE 517) -> 선택필수 교육 리더십</td></tr>
<tr><td>전공 필수</td><td colspan="2">현대 세계관과 교육(기독교 세계관과 교육)</td></tr>
<tr><td>전공 필수</td><td>일반사회교재 연구 및 지도법 인간과 사회(사회복지이론 연구) 정치와 사회(현대 정치이론 연구) 경제와 사회(경제이론 기본연구)문화와 사회(현대 문화이론 연구)법과 사회(기독교 정치/법사상)사회과학 방법론논문지도 1논문지도 2논문지도 3</td><td>생물교재 연구 및 지도법 생화학 특론미생물학 특론분자생물학 특론세포생물학 특론생리학 특론발생생물학 특론논문지도 1논문지도 2논문지도 3</td></tr>
<tr><td>전공 선택</td><td colspan="2">교육 현장론</td></tr>
<tr><td>전공 필수</td><td colspan="2">교육과정설계</td></tr>
</table>

출처: www.handong.edu

3) 호주 National Institute for Christian Education 교육과정

<표 4-3> NICE 교육대학원 교육과정표

학사과정	석사과정	
	과정 1 : 교과목수강	과정 2 : 연구
핵심과목 - 기독교 교육의 기초(Foundations of Christian Education; 성경공부) - 세계관교육(Worldviews in Education) **교육과정** - 교육과정 설계자로서의 교사 - 교실 혁신 수행 - 평가와 사정 **실제적인 조사** - 교육 실습 연구 **교수학습** - 학습의 방법 - 학교에서의 이해 혁신 - 효과적인 수업 - 특수 교육 - 수학 교육의 이슈들 **내용 연구** - 커뮤니티에서의 기독 교사 **종합적인 통합 과목** - 문학 고찰을 통한 포괄적인 에세이 - 전문적인 포트폴리오를 수반하는 포괄적인 에세이	**핵심과목** - 기독교 교육의 기초(Foundations of Christian Education; 성경공부) - 세계관교육(Worldviews in Education) **교육과정** - 교육과정 설계자로서의 교사 - 교실 혁신 수행 - 평가와 사정 **교수학습** - 학습의 방법 - 학교에서의 이해 혁신 - 효과적인 수업 - 특수 교육 - 수학 교육의 이슈들 **리더십** - 리더십 : 통찰력과 사명 - 질적인 수업의 유지 - 정책 개발 **내용 연구** - 교육의 관점들 - 호주의 기독교 교육 설계 - 커뮤니티에서의 기독 교사 **종합적인 통합 과목** - 전문적인 포트폴리오를 수반하는 포괄적인 에세이 **조사** - 교육에서의 조사 방법 - 교육 실습 연구 **교과/연구 결합** - 교육 방법 연구 - 안내된 읽기 - 연구와 소논문	**핵심 과목** - 기독교 교육의 기초(Foundations of Christian Education; 성경공부) - 세계관교육(Worldviews in Education) **연구과목** - 교육 방법 연구 - 안내된 읽기 - 교육에서의 질적 연구 방법, 교육에서의 양적 연구 방법 중 택 1 - 연구와 주논문(3과목 이상 수강)
6과목(54학점) 이상 이수	8과목(72학점) 이상 이수	

출처: National Institute for Christian Education course Handbook 2007

2. 교사가 알아두어야 할 성경구절

기독교사교육의 교육과정 중에는 성경을 깊이 있게 이해하는 것을 기초로 두는 것이 중요하다. 왜냐하면 기독교세계관을 이해해야 하고, 기독교세계관을 구축하기 위해서는 성경의 이해가 기본이 되어야 하기 때문이다. 성경에는 성경이 교육의 기초가 됨을 다음과 같이 말하고 있다. "모든 성경은 하나님의 감동으로 된 것으로 교훈과 책망과 바르게 함과 의로 교육하기에 유익하니 이는 하나님의 사람으로 온전케 하며 모든 선한 일을 행하기에 온전케 하려 함이니라(디모데후서 3:16-17)." 그렇기에 기독교사들은 "복 있는 사람은 악인의 꾀를 따르지 아니하며, 죄인의 길에 들어서지 아니하며, 오만한 자들의 자리에 함께 앉지 아니하며, 오로지 주의 율법을 즐거워하며, 밤낮으로 율법을 묵상하는 사람이다(시편 1:1-2)."라는 말씀에 순종하여 성경을 가까이하고 사랑하며 즐거워해야 한다. 여기서는 홍콩의 Research Institue for Christian Education의 폴팽(Paul Pang) 박사가 제시하는 교사가 알아야 할 교육의 본질, 교육자의 책임, 교육의 시기, 교육의 목적, 교육의 내용, 교육의 방법에 관한 성경구절을 제시한다.

1) 교육의 본질(Mission of Education)

[1.1 가정에서의 교육]
• 내가 오늘 너희에게 명하는 이 말씀을 마음에 새기고, 자녀에게 부지런히 가르치며, 집에 앉아 있을 때나, 길을 갈 때나, 누워 있을 때나, 일어나 있을 때나, 언제든지 가르쳐라(신명기 6:6-7)

[1.2 교회에서의 교육]

- 그러므로 너희는 가서 모든 민족을 제자로 삼아 아버지와 아들과 성령의 이름으로 세례를 주고, 내가 너희에게 명한 모든 것을 그들에게 가르쳐 지키게 하여라. 보아라, 내가 세상 끝 날까지 항상 너희와 함께 있을 것이다(마태 28:19-20).

2) 교육자의 책임(Responsibility of Educators)

[2.1 부모로서의 책임]

- 또 아버지이신 여러분, 여러분의 자녀를 노엽게 하지 말고 주님의 훈련과 훈계로 기르십시오. (에베소서 6:4)
- 자기 가정을 잘 다스려서 자기 자녀로 하여금 아주 공손히 복종하게 하는 사람이라야 합니다. 자기 가정을 다스릴 줄 모르면, 어떻게 하나님의 교회를 돌볼 수 있겠습니까?(디모데전서 3:4-5)

[2.2 교사로서의 책임]

- 나의 형제자매 여러분, 여러분은 선생이 되려고 하는 사람이 많아서는 안 됩니다. 여러분이 아는 대로 가르치는 사람인 우리가 더 큰 심판을 받을 것입니다. (야고보서 3:1)

[2.3 교회의 책임]

- 여러분 가운데 있는 하나님의 양 떼를 먹이십시오. 그들을 잘 감독하십시오. 억지로 할 것이 아니라, 하나님의 뜻을 따라 자진해서 하고, 더러운 이익을 탐하여 할 것이 아니라, 기쁜 마음으로 하십시오. (베드로전서 5:2)

3) 교육의 시기(The Optimal Age of Education)

[3.1 아동존중]

- 예수께서 말씀하셨다. "어린이들이 내게 오는 것을 허락하고, 막지 말아라. 하늘나라는 이런 사람들의 것이다."(마태복음 19:14)

[3.2 유아기부터의 교육]

- 마땅히 걸어야 할 그 길을 아이에게 가르쳐라. 그러면 늙어서도 그 길을 떠나지 않는다.(잠언 22:6)

[3.3 평생 교육]

- 자녀에게 부지런히 가르치며, 집에 앉아 있을 때나, 길을 갈 때나, 누워 있을 때나, 일어나 있을 때나, 언제든지 가르쳐라. (신명기 6:7)

4) 교육의 목적(Aims of Education)

[4.1 인생의 의무]

- 하나님이 그들에게 복을 베푸셨다. 하나님이 그들에게 말씀하시기를 생육하고 번성하여 땅에 충만하여라. 땅을 정복하여라. 바다의 고기와 공중의 새와 땅 위에서 살아 움직이는 모든 생물을 다스려라 하셨다. (창세기 1:28)

[4.2 복음의 전파]

- 우리는 이 그리스도를 전파합니다. 우리는 모든 사람을 그리스도 안에서 온전한 사람으로 세우려고 모든 사람에게 권하며, 지혜를 다하여 모든 사람을 가르칩니다. (골로세서 1:28)

[4.3 하나님의 영광]

- 그러므로 여러분은 먹든지 마시든지 무슨 일을 하든지, 모든 것을 하나님의 영광을 위하여 하십시오. (고린도전서 10:31)

5) 교육의 내용(Educational Contents)

[5.1 하나님께서 존재하심]

- 우리가 이것을 숨기지 않고 자손에게 전하여 줄 것이니, 곧 주의 영예와 능력과 이루신 그 놀라운 일들이다. (시편 78:4)

[5.2 성경]

- 그대는 어려서부터 성경을 알고 있습니다. 성경은 그리스도 예수를 믿는 믿음으로 말미암아 구원에 이르는 지혜를 그대에게 줄 수 있습니다. (디모데후서 3:15)
- 주의 말씀은 내 발의 등불이요, 내 길의 빛입니다. (시편 119:105)

[5.3 지혜]

- 주를 경외하는 것이 지혜의 근본이요, 거룩하신 이를 아는 것이 슬기의 근본이다. (잠언 9:10)
- 여러분 가운데 누구든지 지혜가 부족하거든 아낌없이 주시고 나무라지 않으시는 하나님께 구하십시오. 그러면 받을 것입니다. (야고보서 1:5)

6) 교육의 방법(Educational Methods)

[6.1 마음을 새롭게 함]
- 여러분은 이 시대의 풍조를 본받지 말고, 마음을 새롭게 함으로 변화를 받아서, 하나님의 선하시고 기뻐하시고 완전하신 뜻이 무엇인지를 분별하도록 하십시오. (로마서 12:2)

[6.2 시기, 질투 지양]
- 우리가 육신을 입고 살고 있지만은 육정을 따라 싸우는 것은 아닙니다. 싸움에서 쓰는 우리의 무기는 육체의 무기가 아니라, 견고한 요새라도 무너뜨리는 하나님의 강한 무기입니다.
  우리는 궤변을 무찌르고, 하나님을 아는 지식을 가로막는 모든 교만을 쳐부수고, 모든 생각을 사로잡아서 그리스도께 복종시킵니다. (고린도후서 10:3-5)

[6.3 사랑]
- 내가 사람의 방언과 천사의 방언으로 말을 할지라도 내게 사랑이 없으면 울리는 징이나 요란한 꽹과리가 될 뿐입니다.
  내가 예언하는 능력을 가지고 있을지라도 또 내가 모든 비밀과 모든 지식을 가지고 있을지라도, 또 산을 옮길 만한 모든 믿음을 가지고 있을지라도 내게 사랑이 없으면 아무것도 아닙니다.
  내가 내 모든 재산을 나누어 줄지라도 내 몸을 내주어 불사르게 할지라도 내게 사랑이 없으면 내게는 아무런 이로움이 없습니다. (고린도전서 13:1-3)

[6.4 진심(마음)을 다하여]
- 그 무엇보다도 너는 네 마음을 지켜라. 그 마음이 바로 생명의 근원이기 때문이다. (잠언 4:23)
- 입으로 들어가는 것이 사람을 더럽히는 것이 아니라, 입에서 나오는 것, 그것이 사람을 더럽힌다.
  그러나 입에서 나오는 것들은 마음에서 나오는데, 그것들이 사람을 더럽힌다. (마태복음 15:11,18)

[6.5 하나님의 청지기로서]
- 이와 같이 누구든지 우리를, 그리스도의 일꾼이요 하나님의 비밀을 맡은 관리인으로 보아야 합니다.

이런 경우에 관리인에게 요구하는 것은 신실성입니다. (고린도전서 4:1-2)

[6.6 몸과 마음을 다하여]
- 그러나 그대는 나의 가르침과 행동과 의향과 믿음과 오래 참음과 사랑과 인내를 따르고 (디모데후서 3:10)

3. 기독교사가 방문해야 할 사이트

기독교학교와 기독교사들을 위한 다양한 단체들이 다음과 같이 있다. 기독예비교사나 교사들은 이러한 사이트에서 다양한 정보와 자료를 얻을 수 있을 것이다.

1) 기독교세계관학술동역회 www.worldview.or.kr

기독학술교육동역회(DEW)와 기독교학문연구회(KCSI)가 통합하여 탄생(2009.5월)

- 기독학술교육동역회(DEW)는 기독교세계관을 확산시키고 학문과 교육의 주인이 예수 그리스도이심을 고백하는 기독교대학이 한국에서 건립되도록 기도와 협력을 모으는 동역자들의 모임이다.
- 기독교학문연구소는 "기독교학문연구회"라는 이름으로 1984년 창립된 이후, 기독교적 관점에서 제반 학문을 연구하고 교육한다.

2) 기독교학문연구회 www.worldview.or.kr

각 학문분야별로 신학과 학제간 연구를 진행하여 신앙과 학문의 통합을 추구한다.

(1) 연구 발표의 장을 마련하기 위해 연 2회의 학술대회를 개최한다.

(2) 한국과학재단 등재 학술지 〈신앙과 학문〉을 발행한다.
(3) 기금을 조성하여 기독학자들의 연구활동을 지원한다.
(4) 각 전공별 기독교 학회들의 학술활동을 지원한다.
(5) 각 기독교대학들의 기독교학문 활동 지원 및 협력을 한다.
(6) 장기적으로 기독교학문연구를 진흥할 수 있는 "한국기독교 학술진흥재단(가칭)"을 설립한다.

3) 좋은교사회 www.goodteacher.org

교육을 진리 위해 세워 다음 세대를 책임지고 국민에게 신뢰를 얻는 교직사회를 만들기 위하여 3,000명의 기독교사들과 15개 기독교사모임이 함께 전개하는 대표적 교육실천운동이다.

(1) 복음으로 다음 세대를 책임지고자 한다.
(2) 교직 사회를 새롭게 하고자 한다(가정방문과 일대일 결연 캠페인, 자발적 수업평가 캠페인, 교원 문제 토론회 개최).
(3) 갈등과 대립의 교육계를 통합하고자 한다.
(4) 기독교사들을 깨워 좋은교사로 세우고자 한다(기독교사 공동체 최대의 축제, 기독교사대회, 현장감 넘치는 전문교육 연구운동, 다양한 문서출판 운동).

4) 기독교윤리실천 위원회 교사모임 www.eduhope.or.kr

정직, 책임, 정의, 평화, 배려 5대 핵심가치를 기저로 하나님의 말씀인 성경과 정통적 기독교 신앙을 기본이념으로 복음에 합당한

윤리적 삶을 통해 세상 속에서 신뢰받는 기독교인과 교회가 되도록 섬기며, 한국교회와 사회의 증진에 공헌하여 생명과 평화의 공동체를 만드는 것을 사명으로 한다.

5) 한국기독교교육학회 www.kscre.org

본회는 기독교교육학을 연구하여 한국에 있어서 기독교교육의 학문적 발전과 그 실천적 발전에 이바지하고 아울러 회원간의 친목을 도모할 것을 목적으로 한다.

(1) 기독교교육학의 학문적 기초를 마련하고 학문적 위상을 발전시키기 위하여 다양한 형태의 학문적 교류의 장을 마련하도록 한다. 이를 위하여 각 회원들의 연구발표를 위한 학술발표회, 외국의 기독교교육학 및 인접학문과의 국제적인 학술교류, 학회지 및 기독교교육 관련 출판물 간행, 기타 본회의 목적 달성에 필요한 제반 연계 사업들을 개최하도록 한다.

(2) 기독교교육의 국제적 감각과 학문적 발전을 도모하며 간학문적이고 종합학문적인 학술 교류를 위하여 일본 기독교교육학과를 비롯한 외국의 기독교교육 관련 학회들과의 국제적 학문 교류의 장을 마련하여 회원들의 학문적 담론의 장을 넓히도록 한다.

(3) 회원들이 연구한 결과를 기독교교육학에 관심이 있는 다양한 영역의 사람들과 공유하기 위하여 정기적인 학술지 발간은 물론 기독교교육학 관련 출판물을 발행한다.

(4) 회원들의 전문적 영역의 탐구활동을 돕기 위한 분과 활동을 활

성화 하도록 한다. 각각의 영역을 전공한 학자들이 자신의 전공영역을 전문적으로 연구할 수 있는 기회를 마련하고 있다.

6) 한국기독교학교연맹 www.kfcs.or.kr

한국과 아세아, 태평양 기독교학교연맹(미국, 일본, 호주, 필리핀 등 10개국) 산하의 학교에 대한 다양한 내용을 접할 수 있다. 기독교교육을 사랑하는 모든 교육가족에게 보다 더 알차고 유익한 정보를 드리도록 노력할 것이며 나아가 한국 기독교 교육과 외국의 기독교 교육이 연합하여 주님의 명하신 사마리아와 땅 끝까지 전파하라는 명령에 순종하여 세계선교의 일역을 담당하는 데 목적이 있다.

7) Association for Christian Schools International www.acsi.org

ACSI의 소명은 세계의 기독교 교육자들과 학교들을 학생들이 그들의 삶을 효과적으로 준비할 수 있도록 하려는데 있다. ACSI는 세계 18개 지회를 통해서 다양한 교육 서비스와 프로그램을 제공함으로써 5000여개 학교들이 최대한의 효과를 거둘 수 있도록 돕는다.

8) Christian Schools International www.csionline.org

CSI는 기독교 학교들을 위해 1920년에 설립된 최초의 교육 조직으로 북미와 전 세계의 기독교 학교들에 서비스를 제공하고 있다.

기독교 학교의 교사와 행정가들에게 교수 자료들과 학교 행정 실제에 대한 정보나 자녀를 위한 기독교 학교에 대한 정보를 제공하고 있다.

4. 아동의 신앙발달

기독교사들은 아동의 신앙발달에 대한 이해가 있어야 한다. 현대의 발달심리학에서는 영적성장에 대해서는 다루지 않는다. 그러나 근대교육학의 아버지로 불리우는 코메니우스(Comenius)는 인간에게는 지적, 사회적, 인지적, 신체적 영역의 욕구가 있는 것과 마찬가지로 영원하고 궁극적인 것을 갈망하는 영적 욕구가 보편적으로 존재 한다고 말한다. 여기서는 이러한 영적 욕구 즉 신앙 발달에 대한 Ronald Goldman, Robert Williams, Pavid Elkind, James W. Fowler의 이론을 제시한다.

1. Ronald Goldman

3단계: 피아제의 인지이론에 근거함.

전종교사고기(7-8세) : 자신의 실제적인 경험안을 기반으로 이해
구체적 종교사고기(8-12세) : 추상성, 초월성을 이해하나 문자적, 단편적 이해, 신학적인 전체 맥락을 이해
추상적 종교사고기(13-14세 이상): 가설적이고 연역적으로 사고함으로 상징적이고 추상적인 종교적 내용들에 대한 의미탐구가 가능.
⇒ 장점/지적 교육자료의 선택에 도움
단점/신학적 이해의 시기를 너무 늦게 잡음
(J.A. Shelly 7, 8세에 성경적 하나님에 대한 이해가 가능함)

2. Robert Williams(인지발달에 영향을 주는 부모에 대한 아동의 의존관계에 근거함)

확산적 인공론(5-6세) (모든 사물은 인간의 목적에 맞게 인간이 만든 것)
신화적 인공론(7세 전후) (인간의 한계 인식, 자기중심성 감소, 하나님 존재인식)
가술적 인공론(8, 9세 이후) (어떻게의 질문을 통해 인간의 한계 인식, 하나님과의 관계를 맺음)

3. David Elkind(피아제의 인지발달에 영향을 주는 3가지 내적 요소에 근거함)

보존 개념의 추구: 인지 능력의 확장으로 물체의 영속성뿐 아니라 관계있는 사람의 생명보존과 죽음의 실체를 추구할 때 발생하는 보편적인 인간문제를 통해 종교가 즉각적인 해결책이 됨.

표상능력 추구: 하나님을 영접한 아이들은 표상추구에 문제 발생
종교는 이러한 초월에 대한 표상이 됨.

관계 추구: 사고, 운명의 급변등 간단히 대답할 수 없는 질문에 대해 하나님을 받아들이고 자신과 세상을 더 잘 이해하게 됨.

4. James W. Fowler(신앙은 앎, 존재의 방식이고 세상과 자신에 대한 의미형성/ 성경적 신앙과 달리 궁극적 존재와의 관계로 신앙을 설명하는 한계)

7가지 인지적 요소에 근거: 온리의 형태, 조망능력, 도덕적 판단, 사회의식의 경계, 권위의 소재, 세계관의 형태, 상징적 기능

7단계 : 0-2세 이전 : 미분화신앙(부모와의 신뢰감)
2-7세 : 직관적-투사적 신앙(부모의 신앙 모방)
8-12세 : 신화적-문자적 신앙(엄한 부모로 인식하기도)
12-18세: 종합적-인습적 신앙(추상적, 더 이상 육체적이지 않다)
18-30세 : 개인적-반성적 신앙(권위가 내면화되어 신앙이 자율적 성격)
30세 이상 : 접속적 신앙(대립상황에서도 자신의 신념과 가치를 확신)
40세 이상: 보편화된 신앙(이타적 특징/신앙과 자신의 존재결함/헌신의 삶)

출처: 김국환(2006)

이상의 신앙발달이론들은 성경적 관점에서 보았을 때 모두 다음의 한계를 가진다.

(1) 앎을 성령님의 감동, 하나님의 계시 등을 배제하고 인간의 이성에 의한 것으로 이해한 점
(2) 신앙을 실존의 존재와의 관계로 보기보다는 심리적 확신으로 이해한 점

그러나 부모와의 경험이 하나님을 이해하는데 중요한 역할을 한다는 것과 5세 정도에 하나님을 이해할 수 있으며, 8세부터 신학적 이해가 가능하다는 연구는 조기신앙교육의 중요성을 말해 준다.

생각해 볼 문제

1. 기독교사의 재교육에 반드시 이루어져야 할 교육은 무엇인가?

2. 아동의 신앙 발달을 위해 교사가 알아야 할 것은 무엇인가?

05 세계관과 교육과정

1. 교육과정의 개념과 유형
2. 교육과정 개발방법
3. 비체계적 교육과정개발이론에 의한 교육과정 개발사례

기독교세계관에 의한 교육에서는 교과목을 기독교세계관에 의해 재구성하는 일에 주목하게 된다. 따라서 기독교세계관에 근거한 기독교교육에서는 기독교교육과정개발이론들이 많이 소개되어 있다. 그러나 일반교육과정이론도 역시나 기독교교육과정개발에 주요한 기여를 할 수 있다. 전통적인 목표중심의 타일러의 교육과정개발모형은 다양한 기초자료조사방법에 대한 시사를 주며, 숙의(deliberation)모형은 기존교육과정의 문제를 의식하고 새로운 교육과정에 대한 신조를 구축하는 일에 매우 유용하게 사용되어 질 수 있다. 그리고 비체계적인 교육과정 개발방법중에 비판과학적인 방법역시 매우 중요하게 잘못된 무의식적 세계관을 드러내는 일이나 영적 배후세력을 인식하는 일에 매우 유용하게 사용되어 질 수 있다.

1. 교육과정의 개념과 유형

기독교세계관에 의한 교육에서는 교과목을 기독교세계관에 의해 재구성하는 일에 주목하게 된다. 따라서 기독교세계관에 근거한 기독교교육에서는 기독교교육과정개발이론들이 많이 소개되어 있다. 그러나 일반교육과정이론도 역시나 기독교교육과정개발에 주요한 기여를 할 수 있다. 전통적인 목표중심의 타일러의 교육과정개발모형은 다양한 기초자료조사방법에 대한 시사를 주며, 숙의(deliberation)모형은 기존교육과정의 문제를 의식하고 새로운 교육과정에 대한 신조를 구축하는 일에 매우 유용하게 사용되어 질 수 있다. 그리고 비체계적인 교육과정 개발방법중에 비판과학적인 방법 역시 매우 중요하게 잘못된 무의식적 세계관을 드러내는 일이나 영적 배후세력을 인식하는 일에 매우 유용하게 사용되어 질 수 있다.

교육과정이란 용어는 1918년 보빗(Bobbitt)의 The Curriculum의 출간으로 본격적으로 사용되어졌다. 당시 산업과 경영분야에서 테일러(Tayler)의 과학적 관리이론이 등장하였고 이를 교육에 적용하여 교육의 과학화 그리고 교육에서 사회적 효율성 등이 강조되었다. 이후 보빗(Bobbitt)은 성인의 삶을 과학적으로 분석하여 행동목표를 제시한 'How to make a Curriculum'를 1924년 출간하였다. 그러니까 교육과정이란 용어는 교육의 'factory metaphor'를 그대로 반영하고 있는 개념이라고 할 수 있다. 그러나 교육과정이라는 개념은 여러 차례 다양한 세계관에 의해 수정되고 확장되어 지금은 학교에서 경험하는 모든 것이라는 아이즈너(Eisner)의 광의의 교육과정의 개념이 보편적으로 사용된다. 또한 이귀윤(1996)이 제시한 교육과정의 유형은 여러 교육과정 학자들의 시각의 차이에 따라 다음의 〈표 5-1〉에서와 같이 다양하게 분류될 수 있다. 여기서 우리가 알아야 할 것은 일반교육학에서의 교육과정의 개념과 유형역시 점진적으로 확장되어 가고 있다는 점이다. 이는 기독교교육에서 교육과정의 개념이 가지는 본질적인 한계를 인식하여야 할 것과 그 개념을 교과교육으로 한정하지 말아야 할 것을 시사한다.

〈표 5-1〉 교육과정의 유형

유 형	특 징
교과중심 교육과정	- 가장 전통적인 교육과정 유형 - 학습자에게 학문 또는 진리의 체계를 부여하는데 목적을 두고 - 교과를 체계적으로 학습케 하는 것이 목적이 되어야 한다고 주장 - 그러나 학생들이 경험하는 다른 중요한 부분들, 즉 계획되거나 계획되지 않은 활동들에 대해서는 적절히 설명하지 못할 뿐만 아니라, 인지발달, 창조적 표현력, 사고력 등의 고등정신능력을 함양하는데 부적절 - 학생의 흥미나 실생활 경험보다는 지식이나 학문을 내용의 원천 - 맥닐(McNeil, 1977) 학습자를 교과에 해당하는 학문과 조직된 학문분야에로 입문하게 하는 수단이 바로 교육과정이라고 주장 - 클리바드(Kliebard, 1986) 교육과정이란 인류 문화 유산의 누적된 지식, 즉 교과를 가르치는 것이라고 주장
학문중심 교육과정	- 지식이나 학문의 구조를 가르쳐야 한다는 브루너(Bruner)-학습의 경제성에 기초 - 학문의 구조 중시 : 학문의 구조란 그 학문의 중심이 되는 개념이나 법칙, 원리로서 그 학문 영역을 하나의 특수한 학문영역으로 만드는 기본패턴 - 브루너(Bruner) 학문의 구조를 가르쳐야 한다는 점에서 교과중심 교육과정을 강조한 것으로 해석될 수 있지만 교과의 중요성을 강조하면서도 교과중심의 교육과정이 빠지기 쉬운 지식의 단편적, 수동적인 전달을 반대하고 발견학습을 통한 심층적 이해에 의해 교과의 구조를 밝힐 것을 강조 - 맥닐(McNeil, 1977)은 학문중심 교육과정의 발전방향은 ① 탐구수업에 대한 강조로서 지식습득에 있어서 단순히 주어진 내용을 얼마나 많이 암기하는가보다는 어떻게 지식을 습득하며 형성하는가와 같은 지식의 획득방식이나 탐구방법 등을 강조 ② 통합적 학과로의 시도 ③ 기초교육 강조 - 그러나 학습자의 요구나 특성을 간과할 가능성이 많으며, 개별 학문의 구조화, 체계화를 강조하기 때문에 지식의 조직에 있어서도 통합화보다는 부절화를 강조한다는 비판을 받기도 함

인지과정 중심 교육과정	-탐구결과로서의 지식 그 자체를 가르치기보다는 문제해결력, 창의력, 비판적 사고력 등 사고의 방식이나 학습하는 방법을 중시하는 교육과정 유형 -내용지식(일반화된 원칙, 원리, 개념, 정의, 사실 등), 과정지식(정보를 이해하고 습득하는데 관련되는 방법론이나 절차, 즉 학습전략, 문제해결력, 비판적 사고력, 사회적 기술 등을 포함)으로 구분 -지식과 정보를 많이 주입하기보다는 문제해결에 도움이 되는 인지과정을 강화시켜야 한다고 주장 (단순한 사실이나 구체적인 지식보다는 의문을 제기하고 생각하는 과정이 중시되어야 하며, 모든 지식을 다 가르치기보다는 지식을 구성하고 창조할 수 있는 방법을 가르치는 것) -그러나 우선적으로 배워야 하는 내용의 기본적인 개념이나 준거를 소홀히 하는 오류를 범할 수 있을 뿐 아니라, 인지과정의 구체적 실체에 대한 파악이 어려운 것도 문제점으로 지적 -수업과 교육과정을 통합하는 일원론으로 분류
경험중심 교육과정	-교육의 수단과 목적이 하나의 과정, 즉 경험과 분리될 수 없다는 입장 -교육을 학습이전에 의도된 계획으로 보기보다는, 교사와 학생간의 상호작용을 통해 학습자에 의해 경험되는 의미로 보는 입장 -행함으로 배우고, 실생활과 결부된 문제들을 올바르게 처리할 수 있다는 장점이 있으나 일정한 지적체계보다 학습자의 흥미나 요구를 중시, 학력의 질적 저하를 초래할 수 있다는 비판 제기
인간중심 교육과정	-현대 학교교육의 비인간적인 측면에 대한 반발로서 전인교육을 학교현장에서 보다 구체적으로 전개하려는 일련의 교육과정 동향 -인간의 성장가능성을 최대한으로 신장시키고 개인적으로 만족스러운 삶을 살 수 있도록 도와줌으로써 개인의 자아실현을 지향하는데 궁극적인 목적 -인본주의 심리학 배경 -개인의 건전한 자아개념이나 감성, 올바른 태도나 가치관 교육을 통해 개인의 자아실현을 최대한 돕는데 주안점 -학교현장에서 구체화되기에는 어려움이 따르고, 개인의 성장을 지나치게 강조하다보면 전체 사회구조 속에서 이루어지는 교육의 본질에 대한 전반적 이해를 결여할 수 있으며, 인지적 지적 발달을 소홀히 할 수도 있다는 비판이 제기
사회재건 중심 교육과정	-교육이 사회를 개선하고 건설하는데 견인차의 역할을 주장 -사회변화의 도구로서 학교교육의 필요성 역설 -새로운 사회건설을 수행할 수 있도록 학교에서는 사회개선에 필요한 지식과 가치를 제공해야 한다고 주장 -학교가 사회변동의 대리인 역할 강조 -사회체제에 적응시키기보다는 기존사회의 불합리한 조건들을 비판적으로 분석하고 보다 이성적인 사회로 이끌어 가는 능력 제공 -기존의 지식체계를 있는 그대로 전달하는 것에 반대하면서, 사회의 중요한 문제들을 분석하고 이를 실천에 옮기도록 하는데 주안점 -학교의 자율성, 교육의 가능성을 부각시켰다는 점에서는 그 의의를 인정, 그러나 사회재건의 초점을 어디에 둘 것인가에 대한 합의 어려움, 교육과정을 실제로 구성하는데도 구체적인 시사를 제공하지 못함.

2. 교육과정 개발방법

일반교육과정개발이론 역시 기독교교육과정개발에 적용가능하다. 다음 〈표 5-2〉와 같은 다양한 교육과정개발의 전략은 이귀윤(1996) 에 의하면 체계적 방법과 비체계적 방법으로 나뉘는데, 이중 목표선정-경험선택- 조직-평가라는 일련의 과정을 거치는 타일러(Tyler)모형이 체계적모형의 원형을 이룬다. 이후 많은 교육과정개발전략들은 타일러(Tyler)의 기계적이고 선형적인 접근을 보다 탄력적으로 적용하는 방식으로 개발되어 왔다고 볼 수 있다. 워커(Walker)와 슈왑(Schwab)으로 대표되는 숙의모형(deliberation model)은 개발이전에 개발신조와 같은 정강(platform)을 먼저 설정하고 거기에 근거하여 교과, 교사, 학생, 그리고 교육환경을 고려하여 숙의과정을 거쳐 디자인하는 것인데 이때 그 과정이 선형적이지 않다는 것이 특징이다. 이것은 기독교교육과정 개발에 상당히 유용한 경우가 있는데, 충분히 현재 교과 교육과정의 문제를 볼 수 있도록 하며, 혼자 하는 솔로숙의과정이 아니라 그룹숙의과정을 거친다면 기독교세계관을 교과에 적용할 수 있는 다양한 방식들을 충분히 탐색할 수 있는 장점을 제공해주기도 한다.

그리고 비체계적 교육과정개발방식인 프레이리(Freire)와 콜(Khol)의 방식은 학습자를 만나기 전에 교육과정을 완전히 결정하기보다는 교육현장에서 학습자의 참여와 선택과 함께 교육과정이 만들어지도록 한다. 이 중 막시즘에 근거한 비판과학자들의 교육과정개발방식은 먼저 허위의식을 심어준 적의 정체를 간파하고 이에서 벗어날 수 있는 집단적, 정치적 행동을 계획하고 실천하는 것으로 교육과정을 구성한다(다음에 예를 제시한다.). 이러한 접근은 기독교 교육과정개발에서는 교육과정에서 다루어지는 다양한 주제들에 대해서 학습자가 가지고 있는 비성경적 의식을 허위의식으로 보고 이를 극복하기 위한 교육과정을 설계할 때 유용하게 사용되어 질 수 있다.

<표 5-2> 일반교육과정개발방법

접 근	학자	개발수준, 방식	개발단계 및 절차	개발요소	개발참여자
체계적 접근	Tyler	상의하달식	목표설정, 학습경험선정, 학습경험조직, 평가		
	Walker			정강, 숙의, 설계	교사, 학생, 개발담당자, 정책수립가
	Schwab			교과, 학습자, 교사, 환경	교육관계자, 교사, 학생
비체계적 접근	Lewy	비획일성	학교중심	학교특성에 따른 자료 개발	일선행정가 교사 지역사회인
	Freire	반성적 사고, 평등, 비판의식	해방적 접근 자유 실행	기준 문화 외부 조건	교사, 학생, 지역사회인 (동등한 위치에서)
	Kohl	학교개혁, 인간의 자유의지 존중	개방교실 학생개인에 의한 계획	학생의 흥미, 요구	학생

출처: 이귀윤(1996)

최근에 대개의 북미와 호주 대부분의 기독교학교에서 상용되고 있는 위긴스와 맥타이(Wiggins & McTighe, 2004)는 다음 [그림 5-1]의 이해 중심 설계 모형(Understanding by Design, UbD)방식의 교육과정설계방식을 말한다. 이것은 1단계로 원하는 결과를 확인(Identify desired results)을 하고, 2단계로 만족할 만한 증거를 결정(Determine acceptable evidence)하며, 3단계로 학습경험과 교수-학습을 계획(Plan learning experiences and instruction)을 계획한다. 이는 학습 목표에 따라 교수-학습 활동을 계획하고 이에 따른 평가를 마지막으로 설계하는 전통적인 교육과정은 학습자들의 진정한 이해의 수준을 넘지 못하고 단지 지식들을 훑고 지나는 정도 밖에 이루어지지 못하기 때문에, 기존의 교육과정 설계 방향과는 거꾸로 나아간다. 그래서 우선적으로 평가를 숙고해 보는 것이 학습자들의 진정한 이해에 대한 더욱 명료한 목표나 기준을 설정할 수 있다는 입장이다.

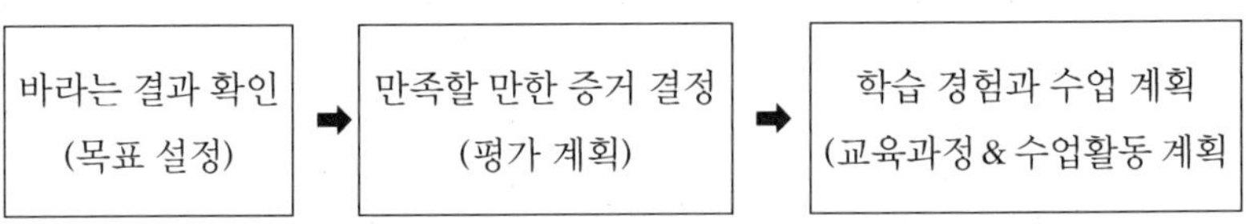

[그림 5-1] 이해 중심 설계 모형(Understanding by Design, UbD) 교육과정설계방식

출처: Wiggins & McTighe(2004)

이와 같은 교육과정 설계에 있어서 학습자의 이해가 무엇보다 중요한다. 여기서 이해는 단순히 학습한 지식을 기억해내어 사용할 수 있는 능력이 아니라, 어떤 맥락에서도 배운 것을 적용하여 다른 영역이나 상황에 융통성 있게 적용할 수 있는 전이능력을 의미한

다. 따라서 이해의 증거를 위해서는 'big ideas'를 중심으로 설계해야 하며, 무엇보다도 전이능력을 알아볼 수 있는 평가의 설계가 있어야 한다. 이 개발모형은 기독교적 세계관에 입각하여 재구성 될 때, 즉 학습주제가 객관적인 사실을 넘어 창조세계에 계시하신 하나님과의 인격적인 관계 가운데 재해석될 때 더욱 의미있는 진리로 학습자에게 다가갈 수 있도록 되어 있다.

이 중 교육과정 숙의(Curriculum Deliberation)에 대해 자세히 살펴보면 다음과 같다. 숙의(Deliberation)란 우리가 일상생활의 실제적인 문제를 다루는 추론과정으로 교육과정 숙의(Curriculum Deliberation)란 이를 교육과정 개발에 적용한 것이다. 즉, 개인 혹은 집단으로 교육과정을 결정하는 역동적이고 조직적인 접근 방법으로 다음의 특성들을 가진다는 점에서 반성(reflection), 토론(discussion), 만족(satisficing) 등과는 다르다.

- 대안고려(Considering alternatives),
- 가능한 전략과 그 결과 예측하기(envisioning potential actions and outcomes of each),
- 적시에 결정하기(deciding in a timely manner),
- 갈등즐기기(entertaining conflict),
- 나선형 결정(making decisions in spiral-not linear-manner),
- 도덕적 사회적 차원 고려하기(considering moral social dimensions),
- 수단과 목적 그리고 사실과 가치를 동등하게 여기기

숙의는 어떻게 하는가? 우선 숙의는 다음과 같은 특별활동으로 구성된다. 즉 문제 현상과 원인의 인식/ 기본신조의 구축/ design (대안의 선택)으로 구성된다. 또한 숙의에는 고려해야할 4가지 요소들(four commonplaces) : 교과목(Subject matter)/ 학습자/ 교사 / 물리적 환경 등이며, 활용범위는 각급 학교에서 광범위한 교육정책 입안에서부터, 각 학급의 교재 재편성까지 전면적인 재개발에서부터 단원과 교구개발에 까지 다양하다. 그리고 그 종류로는 솔로 숙의(solo deliberation)과 그룹 숙의(group deliberation) 등이 있다. 아래를 보면 교육과정 숙의의 방해요소와 장점도 있다.

교육과정 숙의를 방해하는 요소

- 시간적 제한과 실패에 대한 두려움으로 인해 다음의 사고 습관을 가질 수 있다.
- 1단계에서는 문제의 원인을 외부에서 찾으려 하고 기본적으로 고려해야 할 요소를 제한하려고 한다. 그리고 개발을 주장하기 싫어한다.
- 2단계에서는 직선적인 과정을 기대하고 불확실성을 참지 못하며 정답을 만들려고 한다.
- 마지막 단계에서는 흑백 논리나 '만병통치적' 사고가 작용하며 조급하게 빨리 끝내려고 한다.

따라서 불확실성과 스트레스를 숙의(Deliberation)의 긍정적인 동인으로 받아들이는 새로운 사고방식이 필요한 동시에 실제적으로 스트레스를 없앨 수 있는 조건들이 주어져야 한다.

교육과정 숙의 장점요소

- 교육과정이 개발됨과 동시에 참여자에게 교육적인 효과를 기대할 수 있다.
- 각 현장에서의 실제적인 경험에서 나온 지식이 수렴될 수 있다.(현장에서의 점진적인 개선)
- 명시적인 교육과정뿐만 아니라 잠재적인 교육과정도 고려할 수 있다.
- 동료 간에서 쉽게 시작할 수 있고 동료간의 유대관계(cooperation)를 이용할 수 있다.

3. 비체계적 교육과정개발이론에 의한 교육과정 개발사례

여기서는 비체계적 방법 중에 하나인 프레이리(Freire)의 비판과학적 접근에 의한 교육과정개발 결과물을 소개하려고 한다. 다음은 "자존감"에 대한 비체계적 개발사례이다.

“자존감”에 대한 비체계적 교육과정 개발사례

다음 글을 읽고 아래의 물음에 대해 생각해보고, 답을 적어주세요.

그녀는 다른 사람들 뿐 아니라 자기가 보기에도 자신의 아름다움을 망치는 큰 주먹코를 가지고 있었다. 그녀는 자신에 대해서 못생긴 사람이라는 끔찍한 자아상을 가지고 자라게 되었다. 그래서 그녀의 부모님은 코의 윤곽을 바르게 해줄 성형외과 의사를 고용하였다. 그녀는 수술을 받았으며 이제 붕대를 풀고 결과를 볼 수 있게 된 순간이 다가왔다.

의사가 붕대를 풀었을 때 그는 수술이 완전한 성공임을 알 수 있었다. 흉한 주먹코는 사리지고 없었으며 그녀의 코는 달라져 있었다. 수술 자리가 아물고 부기가 가라앉으면 분명 그녀는 아름다운 소녀가 될 것이다. 의사는 얼굴을 볼 수 있도록 소녀의 손에 거울을 쥐어 주었다. 그러나 자신이 못생긴 사람이라는 자아상이 너무나 깊이 자리잡고 있어서 거울 속의 수술된 자신의 얼굴을 보면서도 소녀는 아무런 변화를 발견할 수 없었다. 그녀는 울음을 터뜨렸다.

“오, 절대로 수술이 성공하지 못할 줄 알았어.”

의사는 그녀가 정말로 달라졌다는 사실을 인정할 때까지 6개월 동안 그녀를 설득해야 했다. 그리고 그녀가 자신이 변화되었다는 것을 인정한 순간부터 그녀의 행동은 달라지기 시작했다.

－가족치유, 마음치유 중에서－

"자존감"에 대한 비체계적 교육과정개발사례

1단계- 허위의식 인식 단계

1. 이 글의 주제는 무엇이라고 생각합니까?

2. 소녀가 가지고 있는 문제는 무엇이라고 생각합니까?

3. 당신은 이 소녀와 같은 문제가 있다고 생각합니까?
있다면 구체적으로 써주세요.

4. 당신의 가족이나 친구 중에도 이 소녀와 같은 문제가 있다고 생각합니까?
있다면 당신이 그 사람을 볼 때, 무엇이 잘못이라고 생각합니까?

5. 이 문제로 인해 경험했거나, 다른 사람이 겪었던 손해가 있습니까?

“자존감”에 대한 비체계적 교육과정개발사례

2단계- 배후세력 인식 단계

1. 이 소녀는 자신의 달라진 모습을 왜 인정하지 못했다고 생각합니까?

2. 당신 내면에도 이 소녀처럼 생각하게 하는 무언가가 있습니까?
만약 있다면 무엇인지 구체적으로 써주세요.

3. “악에게 지지 말고 선으로 악을 이기라”(로마서12:21) 라는 말씀과 연관지어 어떻게 말할 수 있다고 생각합니까?

4. 왜 악에게 진다고 생각합니까?

“자존감”에 대한 비체계적 교육과정개발사례

3단계- 향후대책방안 고려 단계

1. 소녀가 자신의 아름다워진 모습을 인정할 수 있었던 것은 무엇이라고 생각합니까?

2. 이것을 다시 “악에게 지지 말고 선으로 악을 이기라”(로마서12:21) 라는 말씀과 연관 지어 어떻게 말할 수 있다고 생각합니까?

3. 자신의 변화된 모습을 인정한 소녀는 앞으로 자신을 어떻게 볼 것이라고 생각합니까?

4. 당신도 이러한 경험을 한 적이 있습니까? 또는 이렇게 변화된 사람들의 이야기를 들어 본 적이 있습니까?

5. 당신은 자기 자신을 어떻게 보고 있습니까? 그리고 앞으로 자기 자신을 어떻게 보아야 한다고 생각합니까?

6. 다음 말씀을 찾아 읽어보세요.
   (창세기 1:28-30, 시편 139, 로마서 12:3-6, 베드로전서 2:9-10, 시편 38)

생각해 볼 문제

1. 각 교육과정 이론을 기독교적 관점에서 볼 때 수용할 수 있는 관점은 무엇이며 반대되는 관점은 무엇인가?

2. 각각의 교육과정 개발 방법은 어떻게 기독교 교육과정 개발에 기여할 수 있는가?

06 기독교 교육과정이론

1. 반브루멜른의 기독교교육과정
2. 오버만과 존슨의 기독교교육과정
3. 에들린의 기독교교육과정

여기서는 van Brummelen 모형과 Overman과 Johnson의 모형 그리고 Edlin을 중심으로 기독교교육과정 개발모형을 소개한다. 그리고 van Brummelen에 근거한 연간교육과정개발절차도 소개한다. 그러나 무엇보다 여기에서 주의해서 보아야 할 것은 기독교교육과정개발 절차 역시 기계적이기 보다는 학습자에 대한 애정으로 인격적인 접근이 되어야 한다는 점이다.

1. 반브루멜른의 기독교교육과정

브루멜른(Brummelen, 2003)은 기독교적인 가르침의 의미를 기독교세계관을 반영하는 교육과정에서 찾으려고 하였다. 이를 위해 기독교적인 세계관에 기초한 단원을 계획하거나 개정하는 과정을 제안한다. 여기서 '단원'이란 어떤 특정 주제를 갖는 교육과정의 한 부분을 의미한다. 그리고 '주제'(theme)는 한 가지 논제(topic)와 관련 개념들, 혹은 바람직한 해결을 찾기 위해 탐구를 요하는 어떤 이슈나 문제일 수 있다고 설명한다. 단원의 분량은 한 주 정도의 짧은 것일 수도, 한 학기 내내 진행되는 긴 것일 수도 있다.

브루멜른(Brummelen)이 제안하는 단원은 분량이나 형태, 내용면에서는 다양할 수 있으나 그 특성은 '총체적'이어야 한다고 주장한다. 그는 특별히 '통합적'이라는 용어와 대비하여 '총체적'이어야 한다고 이야기하는데, 그것은 하나의 단원이 뚜렷한 초점을 갖는 한 가지 주제를 중심으로 단원 전체가 하나의 통일체를 형성하는 것이 중요하다는 것을 강조하기 위한 것이다. 단원이 총체적으로 개발되었을 때 내적 통일성, 외적 일관성, 타당하고 의미있는 실재의 양상을 갖는다고 한다. 여기서 '내적으로 통일되어 있다'는 것은 수업을 통해 이루어지는 모든 활동이 통일된 주제를 이끌어 간다는 것이다. '외적 일관성을 이룬다'는 것은 하나의 단원이 수행됨으로써 학교의 전반적인 목적의 일부를 달성하고, 적절한 곳에서 교과목의 목표를 달성하는 것이 명시적으로 드러나는 것을 의미한다. 마지막으로 '타당하고 의미있는 실재의 양상을 갖는다'는 것은 단원의 주요 초점을 넘어서는 실재적인 양상과 단원의 중심 개념들 간에 의미

있고 자연스러운 상호 연관성이 있다는 것이다.

이와 같은 총체적인 특성을 갖는 단원 계획을 위해 브루멜른(Brummelen)은 아홉 개의 단계를 제안하는데 각 단계에서 강조하는 바를 정리하면 다음과 같다. 총체적인 단원을 계획하기 위해 필요한 9가지 단계는 〈표 6-1〉과 같다.

〈표 6-1〉 단원계획을 위한 9가지 단계

단계		고려할 점
1	중요하고 적절한 주제 정하기	• 논제의 중요성과 적절성 숙고하기 - 이 논제는 책임 있는 제자도와 응답하는 제자도를 실천하는데 필요한 지식을 어떻게 촉진해 주는가? - 이 논제는 학생들에게 적합한가? - 이 논제는 학생들의 학습 필요를 충족시킬 수 있는가?
2	아이디어 브레인 스토밍 하기	• 거미망 그림을 그리며 단원의 주요 내용 개관하기 • 논제에 대한 기독교 세계관적 기초 탐색하기 - 이 분야에 대한 하나님의 의도와 목적은 무엇인가? - 무엇이 어떻게 왜곡되었는가? - 하나님은 우리가 어떻게 응답하기를 원하시는가? - 학생들이 기독교적 삶을 위해 헌신하도록 어떻게 도울 수 있을까? • 어떤 실재의 양상들이 논제와 이슈를 구성하고 있는지 고려하기
3	단원의 초점 명확히 하기	• 주제 진술문(Thematic Statement) 작성하기 - 단원의 가르침과 학습의 틀을 잡아 줄 전반적 접근방식. 단원의 전반적인 목표 기술하기 - 학생들이 습득하기를 기대하는 지속적인 이해 사항, 주요 개념, 핵심 기능과 더불어 교사가 육성하길 원하는 기본적인 가치와 성향, 헌신 포함시키기 • 탐구를 안내할 핵심 질문(guiding questions) 만들기 • 의도된 학습결과(Intended Learning Outcomes) 진술하기

단계		고려할 점
4	학습활동 고안하고 채택하기	• 학습활동 숙고하기 – 단원의 주제 진술문과 의도된 학습 결과들에 도움이 되는 활동인가?(평가와 병행하여 계획하기) – 의미 있는 학습이 발생하도록 돕는 활동인가? – 다양한 교수전략을 포함하는 활동인가? – 성취 가능한 수준에서 지속적인 이해 내용, 가치 있는 기능, 중요한 가치 고난도의 사고력 등을 증진시키는 활동인가? – 단원의 준비단계로서 도입활동이 있는가? – 주요 주제들을 다 모아 재음미해 보는 절정 활동이 있는가? – 필요한 학습 자료들이 이용가능한가?
5	정부 표준 통합시키기	• 개발된 단원에서 다루는 학습 내용과 결과가 정부 및 국가 수준의 교육과정에서 요구하는 것들과도 연결되어 있는지 확인하기
6	일정표 계획하기	• 어느 정도의 시간을 할애할 것인지 계획하기
7	학습 자료 선택하기	• 교재와 자료 선택하기 • 학생들이 조사한 자료의 활용 가치 고려하기
8	학생 평가 계획하기	• 형성적인 평가 피드백의 중요성 기억하기 • 학습 결과, 학습 활동, 학생의 결과물, 평가 전략 맞추기 • 다양한 평가 전략 사용하기 • 모든 의도된 학습 결과들이 즉시 평가될 수 있는 것은 아니라는 점 기억하기
9	단원의 효과성 재고하기	• 다양한 측면에서 단원의 효과성 재고하기 – 단원의 의도된 학습 결과를 실현했는가? – 개념과 기능과 가치들이 적합했는가? – 어떤 학습 전략이 성공적이었고 어떤 것이 잘 이루어지지 않았는가? – 학습 자료들은 타당하고 적절했는가? – 학생 평가는 형평성이 있고 공정하고 학습을 개선하는데 도움이 되었는가?

출처: 브루멜른(2002)

1단계 : 주제 정하기

이 단계에서는 중요하고 적절한 주제를 정하는 것이다. 이를 위해 다룰 논제의 중요성과 적절성을 숙고해볼 수 있는 질문을 해보라고 권한다. 질문의 내용은 다음과 같다.

- 이 논제는 책임 있는 제자도와 응답하는 제자도를 실천하는 데 필요한 지식을 어떻게 촉진해 주는가?
  이 질문의 의도는 선택한 논제가 학생들에게 어떻게 기독교 세계관과 성경에 기초한 가치, 기독교적·문화적 유산들을 소개해 주는지 숙고해보라는 것이다.

- 이 논제는 학생들에게 적합한가?
  이 질문을 통해 선택한 논제가 학생들의 이전 지식을 어떻게 확대시켜 주며 또 어떻게 중요한 이슈들을 다루는지 고려해보라는 것이다. 또한, 선택한 논제가 혹시 뚜렷한 초점이 없이 지나치게 일반적이거나 너무 협소한 것은 아닌지도 고려해보라고 한다.

- 이 논제는 학생들의 학습 필요를 충족시킬 수 있는가?
  중요하고 적절한 단원을 정하기 위한 마지막 질문은 학생들의 필요에 대한 고려인데 이를 위해 보다 세부적으로 고려해볼 수 있는 질문을 다음과 같이 제시하고 있다.
  - 이 논제는 다양한 배경, 학습방식, 적성 및 발달 단계에 적합한가?

- 이 논제는 흥미를 불러일으키며 개인적이고 의미 있는 응답을 장려하는가?
- 이 논제는 각기 다른 앎의 양식들에서 기능발달을 포함할 수 있는가?
- 이용 가능한 학습 자료들이 충분한가?

2단계 : 아이디어 브레인스토밍하기

1단계를 거쳐 중요하고도 적절한 주제를 선정하고 난 후에는 그 주제를 어떻게 이끌어갈지에 대한 전체적인 계획을 세워야 하는데, 이를 위해서 관련된 아이디어를 확산적으로 떠올려보고, 그것들을 기독교 세계관적 기초에 따라 수렴하며, 실재하는 이슈들과의 실생활적인 맥락을 갖는지 검토해볼 것을 권한다. 그것을 위해 거미망 그림 그려보기, 논제에 대한 기독교 세계관적 기초 탐색하기, 어떤 실재의 양상들이 논제와 이슈를 구성하고 있는지 고려해보도록 한다.

• 거미망 그림 그려보기

가르칠 소주제와 개념들의 집합을 다루기 적절하고 통일된 느낌을 나타낼 때까지 수정하며 거미망 그림을 그리면서 단원의 주요 내용을 개관할 수 있게 된다.

• 논제에 대한 기독교 세계관적 기초 탐색하기

거미망 그림 그리기로 모은 관련 내용들 중에서 적절한 내용을 거르기 위한 과정으로 논제에 대한 창조, 타락, 구속, 회복이라는 기독교 세계관적 기초를 탐색하도록 한다. 이를 위해 다음의 하위 질문에 답한 내용을 진술해보도록 한다.

- 이 분야에 대한 하나님의 의도와 목적은 무엇인가?
- 무엇이 어떻게 왜곡되었는가? 하나님의 원래 의도에서 인간은 어떻게 빗나갔는가?
- 하나님은 우리가 어떻게 응답하기를 원하시는가? 현존하는 문제에 대한 해결책은 무엇인가?
- 학생들이 기독교적 삶을 위해 헌신하도록 어떻게 도울 수 있을까?

- 어떤 실재의 양상들이 논제와 이슈를 구성하고 있는지 고려하기

  거미망 그림 그리기와 논제에 대한 기독교 세계관적 기초 탐색하기를 통해 추출된 논제와 이슈가 어떤 실재의 양상들과 관련되는지 고려해보도록 한다.

3단계 : 단원의 초점 명확히 하기

3단계는 2단계를 거쳐 개관적으로 정리된 논제와 이슈들의 초점을 명확히 하는 단계이다. 이를 위해 주제진술문과 핵심질문, 그리고 의도된 학습결과를 진술해볼 것을 권한다.

- 주제 진술문(Thematic Statement) 작성하기

주제 진술문에는 단원의 가르침과 학습의 틀을 잡아 줄 전반적 접근방식, 단원의 전반적인 목표를 기술한다. 여기에 포함되어야 하는 내용은 학생들이 습득하기를 기대하는 지속적인 이해 사항, 주요 개념, 핵심 기능과 더불어 교사가 육성하길 원하는 기본적인 가치와 성향, 헌신 등이다.

- 탐구를 안내할 핵심 질문(guiding questions) 만들기

실제 수업이 기독교 세계관에 기초하여 진행될 수 있기 위해서는 교사가 학습자에게 던지는 발문이 중요하다. 이를 위해 깊이 있는 학습을 인도할 질문을 작성하도록 한다.

- 의도된 학습결과(Intended Learning Outcomes) 진술하기

개관적인 주제진술을 보다 상세화하고 확대하여 구체적으로 성취할 수 있는 결과로 작성하는데, 이 의도된 학습결과(ILO)는 서 너 개의 다른 범주로 구성하는 것이 유용하다. 즉, 내용결과, 능력결과, 가치 및 성향 결과, 표현력과 창의성 결과 등으로 나누어 진술하는 것이 필요하다.

이 단계에서 이루어지는 주제 진술문과 핵심 질문, 그리고 의도된 학습결과의 작성은 브루멜론(Brummelen) 모형의 핵심이라고 할 수 있는데 그가 수집한 자료 중에서 제시하는 예를 소개하면 〈표 6-2〉, 〈표 6-3〉과 같다.

4단계 : 학습활동 고안하고 채택하기

4단계에서는 3단계를 거쳐 추출된 의도된 학습결과를 최대한 이루기 위한 학습활동을 계획한다. 단원의 주제 진술문과 의도된 학습결과들에 도움이 되는 활동인지 숙고하면서, 의미 있는 학습이 발생하도록 돕고, 다양한 교수전략을 포함하는 활동을 계획한다. 이를 위해 제시하는 세부 질문은 다음과 같다.

- 학습활동 숙고하기
  - 단원의 주제 진술문과 의도된 학습 결과들에 도움이 되는 활동인가?(평가와 병행하여 계획하기)
  - 의미 있는 학습이 발생하도록 돕는 활동인가?
  - 다양한 교수전략을 포함하는 활동인가?
  - 성취 가능한 수준에서 지속적인 이해 내용, 가치 있는 기능, 중요한 가치 고난도의 사고력 등을 증진시키는 활동인가?
  - 단원의 준비단계로서 도입활동이 있는가?
  - 주요 주제들을 다 모아 재음미해 보는 절정 활동이 있는가?
  - 필요한 학습 자료들이 이용가능한가?

학습활동을 기술하기 위해 활용할 수 있는 간단한 양식의 예를 제시하면 〈표 6-4〉와 같다. 양식을 구성하는 요소를 보면 핵심개념, 학습결과, 학습활동, 평가, 학습자료, 학습지도단계 등이 포함되어 있는 것을 확인할 수 있다.

5단계 : 정부표준 통합시키기

5단계는 4단계까지 거치면서 개발된 단원에서 다루는 학습 내용과 결과가 정부와 국가 수준의 교육과정에서 요구하는 것들과 연결되어 있는 것을 검토하는 단계이다.

6단계 : 일정표 계획하기

개발된 단원의 학습 내용과 결과를 국가 수준의 교육과정에서 요구하는 것과 비교하여 확정되면 그것을 얼마나 오랜 기간 동안, 어느 정도의 시간을 할애하여 진행할 것인지에 대한 계획을 세운다. 단원에 따라서 일주일에 끝날 수 있는 것도 있고, 한 학기 동안 진행될 수 있는 경우도 있다.

7단계 : 학습자료 선택하기

7단계는 개발된 단원을 실제 수업할 때 사용할 교재와 미디어 자료 등을 선택하는 단계로, 이 때 학생들이 조사하여 모은 자료들이 활용할 가치가 있는 것인지에 대한 검토도 할 필요가 있다고 한다.

8단계 : 학생평가 계획하기

브루멜른(Brummelen)은 단원 개발 단계에서 학생 평가까지 포함하여 계획할 것을 권한다. 이는 평가가 학생들의 학습을 충실하게 만들어 줄 수 있는 수단으로, 즉, 형성적인 피드백으로 활용하는 것이 중요하기 때문이라는 것이다. 이를 위해 가능한 한 학습 결과, 학습 활동, 학생의 결과물, 그리고 평가 전략을 서로 통하도록 맞출 필요가 있다고 이야기한다. 또한 다양한 평가 전략을 사용하는데, 정부에서 제공하는 표준화 시험 또한 광범위한 평가 전략 가운데 한 가지 방법으로 활용할 것을 권한다.

그는 단원 개발을 하는 단계에서 학생의 학습을 충실하게 만들어 주기 위한 방법으로 학생 평가를 계획하는 것이 중요하지만 계획한 모든 의도된 학습 결과(ILO)들이 학습이나 단원 종료와 동시에 즉시 평가될 수 있는 것은 아니라는 점을 기억하며 융통적으로 계획할 것을 권한다.

9단계 : 단원의 효과성 재고하기

이상의 8단계를 거치면서 완성되고 실행한 단원은 실행으로 끝내는 것이 아니라 단원의 효과성을 재고하기 위해 검토하는 단계를 거칠 것을 권한다. 다음 〈표 6-2〉와 〈표 6-3〉은 의도된 학습결과의 1학년, 6학년 단원 예이고, 〈표 6-4〉는 학습활동을 기술하기 위해 활용할 수 있는 양식의 예이다.

<표 6-2> 1학년 단원: 나무의 교수 계획안

<table>
<tr><td colspan="4">주제 진술문: 1학년 아이들은 일상생활에서 나무와 함께 살아간다. 그들은 나무를 자기 주변 환경의 일부로 본다. 그래서 계절에 따른 나무의 변화를 감상하고, 나무에서 함께 놀고, 나무가 주는 혜택에 감사하는 법을 배운다. 하지만 1학년 아이들의 숲에 대한 경험은 광범위하지 못하고 게다가 신비와 두려움으로 포장된 이야기들에 제한되는 경우가 많다. 숲 주제는 아이들이 웅대한 숲이 지닌 천연의 아름다움을 긍정적으로 경험하고 독특한 방식으로 나무에 대해 배울 수 있게 한다. 그들은 숲의 생태계에 있는 다양한 생물들의 상호의존성에 대해 이해하기 시작한다. 또한 나무의 단계별 생명 주기를 관찰하고 각 단계의 중요성에 경탄한다. 놀랄 정도로 다양한 나무의 종류와 쓰임새를 보면서 동물들과 사람에게 주는 많은 혜택에 대한 인식을 넓히고, 따라서 자연스럽게 이처럼 엄청나고 재생 가능한 자원을 창조해 주신 하나님께 감사로 응답하게 된다. 끝으로 아이들은 나무를 돌보지 않고 훼손하는 것이 어떤 영향을 미치는지 생각해보고, 하나님의 창조 세계의 관리자로서 책임 있는 결정을 내리기 시작한다.</td></tr>
<tr>
<td>학습결과 :
내용중심(사실, 개념, 원리)
학생들은 다음과 같이 하리라고 기대된다 :
• 하나님이 모든 생물을 상호의존적으로 지으셨음을 이해한다.
• 우리 주변의 나무들을 돌보는 것이 우리의 책임을 인식한다.
• 나무, 공기, 은신처, 미, 열매, 그늘, 땅콩, 씨 등을 창조하신 하나님의 목적을 이해한다.
• 성경에서 나무의 상징적인 의미를 이해한다. (예: 생명나무, 불타는 떨기나무, 십자가)</td>
<td>학습결과 :
기능 및 전략중심
학생들은 다음과 같이 하리라고 기대된다 :
• 요한복음 15:5을 암기하고 그 의미를 예를 들어 설명한다.
• 학급 토의에 참여한다.
• 하나님의 창조 세계 속에서 나무와 숲을 돌보는 일에 참여한다.
• 창조 이야기를 자기 말로 이야기하고 묘사한다.
• 매일 기도, 특히 감사 기도에 참여한다.
• 일대일로 대응하는 문자/소리 관계 개념을 배운다.
• 올바른 운동 기능을 개발한다.</td>
<td>학습결과 :
정서 및 표현력
학생들은 다음과 같이 하리라고 기대된다 :
• 하나님이 창조하신 우리 주변 환경의 아름다움과 경이로움을 감상한다.
• 감사의 마음을 표현한다.
평가 :
• 토론, 구두시험, 창조 이야기 설명 및 성경구절 암송, 학생의 드라마와 미술 작품에 대해 짧은 평가를 써주기, 성경 구절 외우기와 읽기</td>
<td>교수 전략과 자료 :
• 창조 이야기. Tale of Three Stories. Johnny Appleseed 등 이야기하기
• 노래부르기. "I Shall Not Be Moved", "The Apple Song", "갈보리산 위에".
• Adam Raccooc 시리즈</td>
</tr>
<tr><td colspan="4">과학 영역 (이 단원은 여덟 가지 양상, 가령 읽기, 쓰기, 수학 등이 포함된다)</td></tr>
<tr>
<td>학습결과 :
내용중심(사실,개념,원리)
학생들은 다음과 같이 하리라고 기대된다 :
• 나무의 계절별 변화를 확인하고, 나무의 성장 주기의 중요성을 이해한다.
• 나무의 생명 주기별 단계들을 확인한다.
• 만물의 상호의존성에 대한 인식을 기른다.
• 나무가 어떻게 인간과 동물들을 위해 사용되는지 발견한다.
• 나무의 여러 부분들 및 그 기능을 확인한다.</td>
<td>학습결과 :
기능 및 전략중심
학생들은 다음과 같이 하리라고 기대된다 :
• 다양한 종류의 나무들의 특성을 묘사하고, 다른 나무 및 그 부분들을 비교하고 대조한다.
• 나무와 관계된 간단한 과학 실험을 하고 그 결과를 관찰, 기록한다.
• 확대경을 사용할 줄 안다.</td>
<td>평가 :
관찰
• 모형, 그림, 나무와 숲에 대한 소책자, 나무의 부분들에 이름을 적어 붙이기
토론
• 학생의 어휘 사용, 여러 나무들과 그 부분들에 대한 비교 및 대조
지식
• 구두로 개념 이해 정도 점검, 삽화, 포스터, 기록 발표 등을 평가</td>
<td>교수 전략과 자료 :
• Private Eye
• 주제 서적, 비디오, 컴퓨터 소프트웨어, 포스터
• 주제 소책자
• 나무와 각 부분
• 환경 드리마
• The Voice of the Wood
• 숲으로 현장학습</td>
</tr>
</table>

출처: 브루멜른(2003), p. 214

<표 6-3> 6학년 단원: 영양-생명을 위한 음식

성경적 세계관 질문			
• 우리가 탐구하려는 문화 혹은 실재의 영역에 대한 하나님의 의도는 무엇인가? 하나님은 인간의 신체적 필요를 채워 주시기 위하여 창조세계 속에 충분한 음식을 제공하신다. 생명을 위해 음식을 필요로 하는 우리 몸은 창조주의 지혜를 보여준다. 아담과 하와의 때부터 하나님은 사람들이 먹을 음식을 선택하게 하셨다. 하나님의 목적은 모든 사람이 창조세계 속의 음식을 통하여 신체적 자양분을 누리고, 또한 기록된 말씀인 성경과 살아있는 말씀 곧 예수 그리스도를 통하여 영적인 자양분을 누리는 것이다.	**• 하나님의 목적은 인간의 불순종의 결과로 어떻게 왜곡되었는가?** 풍부한 음식이 있는 나라에 사는 사람들은 신체에 자양분을 공급해 주는 음식을 먹을지 안 먹을지 선택할 수 있다. 그렇게 하여 그들은 자신의 몸을 성령의 전으로 대할 수 있다. 창조세계 안에 전 세계를 먹일 수 있는 충분한 음식이 있음에도 불구하고 많은 사람들은 이기적이고 부패한 인간의 불순종 때문에 굶주리고 있다. 모든 사람을 먹일 수 있을 만큼 음식은 충분하지만, 자신이 필요로 하는 것보다 더 많이 가진 이들에게는 나누고자 하는 의지가 그만큼 충분하지 않다.	**• 하나님은 우리가 어떻게 응답하기를 원하는가?** 하나님은 우리가 풍부한 영양을 취할 수 있는 자들로서 감사와 겸손으로 응답하기를 원하신다. 창조세계의 청지기로서 우리의 역할은 낭비하는 것이 아니라, 우리나라와 전세계의 굶주리는 이들과 함께 나누는 것이다. 세계 기아의 문제는 너무나 복잡하고 방대해서 아무런 조치를 취할 수 없어 보일는지 모르지만, 행동을 취하는 개인들은 참으로 의미있는 도움을 줄 수 있다. 또한 물질적 필요를 나눌 뿐만 아니라, 그리스도인은 영적 굶주림을 채워 주도록 부름받았다.	**• 학생들은 어떻게 성경적 삶의 방식을 더욱 깊이 깨닫고, 또 거기에 헌신할 수 있는가?** 학생들은 신체가 필요로 하는 영양에 관한 지식을 학습해야 하며, 또한 자신의 몸을 성령의 전으로 드리도록 도전받아야 한다. 다른 문화의 음식과 음식문화를 경험함으로써 그들은 다양한 문화가 지닌 유사점과 차이점을 생각해 볼 수 있다. 또한 지구촌 기아의 문제에 대한 인식이 자람에 따라 학생들은 하나님이 부르신 그 부름대로 긍휼어린 관대함을 가지고 응답하도록 도전받을 수 있다.
주제 진술문 의도된 학습 결과			
영양은 삶의 필수 조건이다. 건강한 삶의 중요한 측면 중 하나는 잘 먹음으로써 하나님이 우리를 위해 설계하신 놀라운 몸을 존중하는 것이다. 적절한 영양은 에너지를 높여주는 것에서부터 섭생과 질병 예방에 이르기까지 신체에 많은 유익을 가져다준다. 잘 먹는 것은 잘 사는 것의 일부다. 본 단원에서 학생들은 우리 몸의 영양적 필요에 대한 이해를 심화시키고, 적절한 영양이 주는 유익에 대해 감사하게 된다. (중략) 결국 학생들이 하나님이 창조세계 속에 공급해 주신 풍부한 음식에 대해 감사하는 마음을 기르고, 아울러 인간의 죄성으로 인해 이 지구상에 기아의 문제가 편만해졌음을 인식하게 되는 것이다. 그래서 학생들은 긍휼 어린 관대함으로 응답하도록 도전을 받게 된다.	**알 것(To know)** 학생들은 다음과 같이 하리라고 기대된다 : **K1.** 자신의 식사습관을 안다. **K2.** 자기 몸의 영양적 필요를 이해한다. **K3.** 적절한 영양이 주는 많은 유익을 깨닫는다. **K4.** 우리의 가장 깊은 심연의 굶주림에 대한 해답으로서 예수 그리스도를 지시하는 성경적 주제를 살펴본다.	**행할 것(To do)** 학생들은 다음과 같이 하리라고 기대된다 : **D5.** 식품 광고의 메시지를 분석한다. **D6.** 지구촌 기아문제에 실천적으로 응답한다. **D7.** 영양을 포함하면서도 그것을 능가하는 건강한 삶을 위한 개인적 비전을 세워본다. **D8.** 학습한 정보를 자신의 관심과 능력에 따라 다양한 창의적인 방식으로 탐구하고 제시해본다.	**가치있는 것(To value)** 학생들은 다음과 같이 하리라고 기대된다 : **V9.** 다른 문화와 지리권에서 온 음식과 음식 관련 전통을 경험하고 존중한다. **V10.** 창조주의 놀라운 지혜로 설계된 우리 몸의 신비에 대해 경탄한다.

출처 : 브루멜른(2003), p.215

<표 6-4> 4학년: 신체 조직 단원 활동

<table>
<tr><td colspan="2">제1안: 왕족 되기(50분)</td></tr>
<tr><td colspan="2">핵심 개념: 우리 몸을 성령의 전으로 보기
학습 결과: 외모보다 내면적 성품의 우월성을 인식하기
학습 활동: 두 사람의 사진을 화면에 비추고 누구를 왕 혹은 왕비로 선택할 것인지를 묻는다. 그런 다음, 이들의 내부 그림을 비춰 주고 다시 선택하게 한다. 신체 내부의 복잡성대해 토론한다. 레이 볼츠(Ray Boltz)의 노래 "양치기 소년"(Shepherd Boy)을 연주한다. 왕으로 기름부음을 받은 다윗의 이야기를 들려준다. 학생들은 짝과 함께 질문지에 답해 본다. 서로의 답에 대해 토의하고 나서 성경 공책에 핵심 구절을 기록하고 그 구절을 묘사하는 그림을 그리도록 시간을 준다. 자신이 뽑은 구절과 그림을 함께 나누도록 한다. 칠판에 열쇠 그림을 그리고 사무엘상16:7을 적어 넣는다.
평가: 학생들이 핵심 개념(하나님은 사람의 외모보다 내면의 마음을 귀하게 여기신다)을 이해했는지를 확인하는 학급 토의; 핵심 구절, 그림, 한두 문장으로 된 개인의 반응을 기록한 학습 일지</td></tr>
<tr><td colspan="2">제2안: 왕족 되기(50분)</td></tr>
<tr><td>학습 개념: 우리 몸을 성령의 전으로 보기
학습 결과: 학생들은 다음과 같이 하리라고 기대된다.
- 신체 조직의 필요성과 복잡성을 인식한다.
- 외모보다 내면적 성품의 우월성을 성찰하고 감사한다.
● 특정 목적을 위해 읽고, 듣고, 본다.
● 질문을 하고 전개하며, 이해력을 기르기 위한 다시 읽기와 심화 읽기 등의 전략을 사용한다.[● 표시는 정부가 지정한 학습 결과들]</td><td>학습도구:
OHP
CD 플레이어
레이 볼츠의 CD
성경
이야기 성경
질문지
성경공책</td></tr>
<tr><td>학습 지도 단계:
도입 설정: 두 사람의 사진을 화면에 비추고 누구를 왕 혹은 왕비로 선택할 것인지를 묻는다. 두 사람의 신체조직 그림을 보여주고 다시 한 번 선택하도록 한다. 우리 신체 내부의 복잡성과 아름다움에 대해 토의한다.
전개: 학생들을 둥글게 앉게 하고 교사가 왕으로 기름부음받은 다윗이야기를 들려준다. 학생들은 짝을 지어 질문지에 답을 해본다. 학생들의 응답에 대해 토의한다.

지시된/독립적 실천: 레이 볼츠의 노래"양치기 소년"이 연주되는 동안 학생들이 그 장면을 연상하게 한다.

초월: 성경에서 핵심 구절을 찾아보게 한다. 칠판에 그려진 열쇠 그림 안에 사무엘상16:7을 기록한다. 이 말씀을 각자 성경 공책에 적고 그것을 그림으로 그려 보도록 한다. 자신의 반응을 한두 문장으로 적게 한다.</td><td>준비:
OHP 필름을 준비한다.

성경이야기를 정확하고 감동적으로 들려줄 수 있도록 충분히 숙지한다.
학생을 위한 질문지를 준비한다.
CD 플레이어를 준비한다.

학생들이 각자 성경책을 갖고 있는지 확인한다. 칠판에 열쇠 그림을 그려서 교실에서 가장 잘 보이는 곳에 핵심 구절을 적을 수 있도록 한다.</td></tr>
</table>

출처 : 브루멜른(2003), p.220

Brummelen에 근거한 연간 교실교육과정 개발절차

1) 기독교교육의 목적과 의도
   - 영적 지성 개발(하나님의 군사)에 둘 것인가?
   - 대안으로서의 기독교세계관 제시를 전제로 할 것인가?
   - 영혼 구원을 목적으로 할 것인가?
   - 시민적 선(인격적 만남, 정의, 나눔, 삶)과 은사개발을 목적으로 할 것인가?

2) 2007개정 교육정책/ 2009개정 교육정책 / 각 단위교육청
   학교 교육목적/ 기독교교육의 목적/
   그리고 자신의 교육철학을 토대로 새로운 교실교육과정 목표의 방향을 설정
   (강조할 부분 결정, 구체적인 아동상을 정립할 것)

3) 담당학년의 교육과정의 10개 교과내용을 간단히 한눈에 볼 수 있도록 제시
   각 교과내의 주요주제를 알아내고
   (1) 버릴 것
   (2) 보완할 것
   (3) 첨가할 것을 결정

4) 교실교육과정 목표를 실현하기 위한 학급 경영 전략
   - 학급조직
   - 특별활동/ 운동회, 장기자랑
   - 학부모 참여와 교육
   - (기독교)절기 활동
   - 학교행사

2. 오버만과 존슨의 기독교교육과정

오버만과 존슨(Overman & Johnson, 2003)의 수업 모형은 실제 교실에서 이루어지는 수업의 성경적 통합을 강조하고 있다. 즉, 성

경적 세계관에 기초하여 교과의 지식과 성경 진리를 연결시키는 것에 초점을 두고 있다. 그들이 말하는 성경적 세계관의 통합이란 삶의 부분들을 보다 큰 준거 틀인 하나님과 연결시키는 것을 의미한다.

여기서 '통합'이라는 말을 사용하는 것에 대해 그들은 스스로 문제를 제기한다. 왜냐하면 교과 지식이라는 것이 원래 피조세계를 토대로 구성된 것으로서 모든 피조물이 하나님 말씀의 능력에 의해 지속적으로 유지되는 우주라는 사실을 이해하는 기독 교육자들에게는 '통합'이라는 용어 자체가 성립되지 않는 개념이기 때문이라는 것이다. 그럼에도 불구하고 그들이 성경적 세계관 통합이라는 개념을 바탕으로 하는 단원과 차시 계획을 제안하는 이유는 그만큼 교과 지식과 관련된 성경적 지식을 찾아 연결시키는 것을 강조하기 위한 것이다.

그들이 강조하는 성경적 세계관 통합의 궁극적 목적은 하나님의 뜻을 집단적, 개인적으로 성취함으로써 하나님께 존귀와 영광을 돌리는 분별력 있는 학생들을 길러내는 것이다. 그렇게 함으로써 학생들이 통합적으로 사고하고, 교실 안팎에서 자신의 모든 삶의 영역을 성경적 세계관이라는 보다 큰 그림과 연결할 수 있게 하는 것이다.

이를 위해 그들은 세계관의 기본 구조를 연구하였는데, 그것은 〈표 6-5〉의 기독교세계관의 기본구조에서 보여지는 바와 같이 하나님, 창조, 인간, 도덕 체계, 목적이라는 다섯 가지 요소로 이루어져 있다. 이 다섯 가지 요소는 서로 중복되며 완전히 서로 분리할 수 없고 성경적 세계관 통합을 위한 심리적 틀을 제공해준다. 그 내용은 다음과 같다.

▶ 성경적 세계관의 5요소(성경적 세계관의 큰 그림)

1. 하나님과 관련된 성경 진리는 하나님의 본성, 인격, 역할을 다룬다.
2. 창조와 관련된 성경 진리는 하나님이 만드시고 유지하시는 것을 다룬다.
3. 인류와 관련된 성경 진리는 인간은 누구이며 무엇인가를 다룬다.
4. 도덕 체계와 관련된 성경 진리는 도덕적 행동과 책임을 다룬다.
5. 목적과 관련된 성경 진리는 존재하는 모든 것의 의도와 의미를 다룬다.

위의 다섯 가지 성경적 세계관의 요소에 맞춰 실재(reality)에 대한 접근 방법을 기준으로 분류하여 일반적으로 무신론, 일신론, 다신론의 세 가지 기본 유형의 세계관을 이야기 한다. 〈표 6-5〉는 세계관의 차이점을 낱낱이 요약할 목적이 아니라 몇 가지 가장 중요한 차이점을 강조할 목적으로 그들이 정리한 것으로서 사람들이 세상을 어떻게 다르게 해석하는지에 대한 이해를 돕고자 정리한 것이라고 밝히고 있다.

성경적 세계관 통합을 위해 체계적이고 실용적이며 효과적인 방법을 찾기 위한 그들의 노력으로 BWI라고 하는 모형을 개발하였다. "BWI"란 성경적 세계관 통합(Biblical Worldview Integration)의 약어이다. BWI 모형은 단 한 페이지 분량의 접근이 비교적 단순한 방법이라 할 수 있다. BWI 모형은 교사들이 모든 학년과 교과목의 성경적 세계관을 실용적이고 효과적으로 통합하도록 돕는 방법론이다. 그들은 이 모형이 과목, 학년, 학교, 교재, 교과 과정, 교육에 대한 접근법이 어떠하든지, 교사라면 누구나 사용할 수 있도록 제작되었다고 주장한다.

이 모형에서 제안하는 BWI 계획서는 일종의 '사고의 틀(template)'로서 성경적 세계관을 통합시키려고 하는 교사가 따를 수 있는 원리

<표 6-5> 오버만과 존슨의 기독교 세계관의 기본구조

유형		하나님	창조	인류	도덕 체계	목적
기독교	일신론	하나님은 영원하고 인격적이고 이성적이며 도덕적으로 완전한 존재이다. 지식과 힘과 임재가 무한하지만, 인격적이고 친밀한 방식으로 인간이 인식할 수 있는 분이다.	창조의 영역은 하나님 자신을 제외한 존재하는 모든 것으로 이루어져 있다. 창조된 영역은 하나님의 주권적 명령에 의해 시종 지속적으로 유지되고 있다. 하지만 하나님의 창조 영역은 죄로 인해 부정적 영향을 받았다.	인간은 하나님의 형상으로 창조되어 하나님과 상호 교제할 수 있으며, 이 땅을 책임있게 통치할 역할을 부여받았다. 이러한 관계는 죄로 인해 깨어졌지만 예수의 십자가 대속의 희생적 행위를 믿는 믿음을 통해 회복된다.	창조자요 설계자이신 하나님은 인간 관계, 행동, 공공 정의에 대한 기본적 도덕 규범을 제정하셨다. 이 불변의 절대 원리들은 성경에서 발견되며 하나님의 순수한 본성과 목적에 기초하고 있다.	최초의 명령인 문화 명령과 지상명령에서 나타난 것처럼 우리의 제일 목적과 운명은 우리 삶을 향하신 그분의 뜻과 의도를 성취함으로서 하나님께 존귀와 영광을 돌려드리는 것이다.
인본주의	무신론	존재하지 않는다.	물체는 스스로 존재하며 창조되지 않았다. 자연이 유일한 실재(reality)이다.	인류는 자연의 일부로서, 무생물에서 유기적 복합물로의 계속된 진화 발전과정에서 계획되지 않은 결과로 나타났다.	도덕적 가치의 근원은 인간의 경험에서 유래한다. 윤리는 자치적, 상황적인 것이므로 신학적 재가가 필요하지 않으며, 오로지 인간의 필요와 관심에서 유래된다.	인류를 향한 신적인 목적은 없다. 인간은 자신의 현재 존재와 미래와 되어질 모습에 책임을 진다. 자기 자신의 미래를 창조하고 개발하기 때문에 인간의 삶은 의미가 있는 것이다.
뉴에이지	다신론	'하나님'은 보편적이고, 비인격적인 단일체 또는 '우주적 정신'이다. 이것은 만물안에 그리고 저변에 흐르는 신적 능력이다. 만물이 이 '단일체'로부터 나오므로, 모든 것은 근본적으로 신성하다.	물리적 세계, 영적 세계, '하나님' 사이에 구분이 없다. 만물은 신성한 보편적 자아의 일부이며, 그러므로 '만물이 하나님이다.' 또한 인간은 자신의 마음의 힘을 통해 실재(realities)를 실현시킬 힘이 있다.	인간은 신적 단일체에 연결되어 있으므로 본질적으로 보편적자아와 하나이다. 그러나 인류의 문제는 무지함이다. 즉 사람들이 그들의 신성을 깨닫지 못하는 것이다. 일단 자신의 신성이 깨달아지면 만물과의 하나됨을 경험할 수 있다.	인간은 본질적으로 '하나님'과 하나이므로 도덕성과 윤리는 모든 사람 안에 내재하는 내적 신성과의 접촉을 통해 깨달아진다. 이러한 깨달음의 과정을 도울 영적 안내자가 있으면 도움이 된다.	궁극적 목표는 개인의 자아에 대한 어떤 애착이나 동일시를 포기하고, '우주적 인식'과 융합되는 것이다. 이런 일이 충분한 수의 사람 속에서 일어날 때, '뉴에이지'는 동터올 것이며 위대한 유토피아가 실현될 것이다.

출처: 오버만과 존슨(2003) p.38

로서의 사고 과정을 정리한 것이다. 따라서 BWI 계획서는 어떤 수업에서 성경적 세계관 통합을 위한 특정한 계기를 만들고자 할 때, 교사의 의사 결정을 가능하게 만들어 준다. 이것은 성경적 세계관을 통합한 가르침을 하려는 교사들이 '교재 의존적'이 되지 않고 자신 나름의 주도적이고 통합적인 단원이나 차시 계획안을 만드는데 도움을 주는 원리가 될 수 있다고 밝히고 있다.

BWI 계획서는 3개의 다른 절차를 밟도록 되어 있다고 할 수 있다. 첫 번째 절차에서는 기존의 수업 목표와 내용을 명료화한다. 오버만과 존스(Overman & Johnson)이 2단계와 3단계로 설명한 것이 이에 해당하는 부분이다. 두 번째 절차에서는 통합시킬 성경적인 내용을 탐색하고 정리하는 것이다. BWI 계획서의 우측에 위치한 4단계, 5단계, 6단계에 해당하는 부분이라 할 수 있다. 마지막으로 2, 3단계에서 명료화한 기존의 수업과 4, 5, 6단계에서 탐색하고 정리한 관련 성경적 내용을 실제적으로 통합하는 시점과 방법을 정리하는 것이 7단계라고 할 수 있다. 단계별 세부 내용을 정리하면 다음의 〈표 6-6〉, 〈표 6-7〉과 같다.

〈표 6-6〉 BWI 모형의 작성 방법

1. 과목______ 단원______ 차시 ______ 학년 ______ 참고도서______ 교사 ______		
2. 수업 목표/결과	7. 통합 계획	4. 성경적 세계관 요소 (하나님, 창조, 인류, 도덕체계, 목적)
3. 수업 계획 a) 준비 b) 전개 c) 마무리		5. 구체적 성경 진리 6. 성경적 세계관 통합 목표
	8. 수업 후 소감	

출처: Overman & Johnson(2003)

<표 6-7> Overman & Johnson(2003)의 BWI 계획서 작성 단계

	단계	고려할 점
1	교과목과 단원, 차시 결정하기	• 성경적 세계관 통합을 원하는 교과목과 단원 및 차시를 결정하고 개발자와 적용대상의 정보 적기 - 교과목, 단원, 차시, 학년, 참고도서, 교사이름 적기
2	수업 목표 진술하기	• 수업 목표가 포함해야 할 두 가지 중요한 핵심요소는 학생의 학습 사고 수준과 학습 내용이다. - 학습 내용은 수업 또는 단원의 구체적 교과 학습 내용을 의미한다. • 수업 목표/결과에 교사가 목표로 삼고 있는 사고 수준(블룸의 사고 수준 참고)을 구체적으로 기록해야 한다. 그 이유는 통합 목표에 명시된 사고 수준이 수업 목표에 명시된 사고 수준을 결코 넘어서지 못하게 하기 위함이다.
3	수업 계획하기	• 좋은 수업 계획의 3가지 요소는 준비, 전개, 마무리다. - 준비 : 학생들이 배움의 준비가 되도록 또는 수업에 대한 목적의식을 갖도록 교사가 작성해 둔 도입 진술문이나 활동 - 전개 : 수업 계획의 본론 - 마무리 : 수업의 끝 부분에서 주요 수업 목표를 요약하거나 강조하는 진술이나 활동 • 수업 계획 작성의 기본 규칙은 진술된 사고 수준에서 수업 목표를 달성하기 위해 수업 활동을 계획하는 것이다. • 수업 계획은 유연성 있게 이용할 수 있도록 개요 형태로 쓰는 것이 좋다.
4	학습 내용과 성경적 세계관 요소 연결하기	• 성경적 세계관의 핵심 질문 : 이 수업의 학습 내용이 성경적 세계관의 다섯 가지 요소인 하나님, 창조, 인간, 도덕체계, 목적이라는 보다 큰 그림과 어떻게 연결되는가? • 어떤 수업 내용은 다섯 가지 요소 모두와 연결이 잘 될 수도 있다. 그러나 그 수업에서 강조하고자 하는 한 가지 주된 요소와 연결되도록 좁혀 나가는 것이 교사가 할 일이다.
5	수업에서 통합될 구체적 성경 진리 명시하기	• 구체적 성경 진리를 진술한 문장의 주어는 그것과 연결된 세계관 요소의 주어와 일치되어야 한다. • 구체적 성경 진리는 일반적 전제나 원리의 형태로 진술할 수 있으며, 항상 구체적 성경 구절의 형태로 진술할 필요는 없다.
6	성경적 세계관 통합 목표 진술하기	• 통합 목표는 수업 목표에서 명확하게 진술된 사고 수준을 넘어서서는 안 된다. • 통합 목표에는 5단계에서 확인된 구체적 성경 진리가 반드시 포함되어야 한다. • 수업 목표와 통합 목표는 반드시 조화를 이루어야 한다. 그러기 위해서는 수업 목표에서 명시된 학습 내용을 통합 목표에 구체적으로 다시 기록하는 것이 중요하다. - 사고 수준, 구체적 성경 진리, 학습 내용이 순서대로 제시되어야 한다.

단계		고려할 점
7	성경적 세계관 통합을 위한 통합 계획 세우기	• 이 단계에서는 학생들이 단원의 교과지식과 구체적인 성경적 진리를 연결하여 생각하도록 돕기 위한 질문이나 활동을 준비한다. - 통합적 요소가 수업의 어느 부분에서 제시될지 표시하기 위해 교사는 화살표를 통합 계획서의 통합 영역으로부터 통합이 이루어질 수업 계획 영역을 향하도록 그려 넣을 수 있다. • 이 단계에서 해야 할 일은 성경적 세계관과 학습 내용 연결을 교사가 할 것인지, 아니면 학생 스스로 하도록 기회를 제공할 것인지를 결정하는 것이다. - 하위 단위 학교(유치원, 초등학교)에서는 교사 주도의 성경적 세계관 통합의 계기가 자연스럽게 더 많이 일어날 것이다. 그러나 중 · 고등학교에서는 학생 스스로 학습 내용을 보다 큰 실재의 그림과 연결할 수 있는 기회를 교사가 주어야 한다.
8	수업 후 소감 쓰기	

출처: Overman & Johnson(2003)

1단계에서는 성경적 세계관 통합을 원하는 교과목과 단원 및 차시를 결정한다. 이 때 참고할 수 있는 자료를 함께 정리해둠으로써 더 구체적인 수업계획서를 작성할 때 도움을 줄 수 있도록 한다. 여기서 말하는 교과목은 일반적으로 학교 단위에서 교과목으로 선정하여 가르치는 영역을 의미한다. 통합시킬 교과목과 단원 및 차시를 결정하는 주요 활동 외에도 1단계에서는 BWI 계획서 상단에 학년, 교사명, 학교명, 연락처를 기록하도록 함으로써 관심을 가진 기독 교사들이 서로 아이디어를 공유해야 하는 필요성을 드러내고 있다.

2단계에서는 가르칠 수업이나 단원의 목표/결과를 기술한다. 이 목표/결과는 최대한 간결하고 명확하게 기록하도록 권장하는데, 그것은 통합시킬 학습내용을 명료하게 하기 위해서라고 한다. 이를 위해 블룸의 분류법으로 알려진 '사고 수준'을 참고하기를 권한다. 학습의 목표/결과를 사고 수준의 형식으로 기술하기 권장하는 것은 6단계에서 통합할 목표에 명시된 사고 수준이 기존의 학습 목표에 명시된 사고 수준을 넘어서지 못하게 하기 위함이라고 한다. 왜냐하면 만약 통합 목표의 사고 수준이 기존의 학습 목표의 사고 수준을 넘어서 버리게 되면 수업의 통합 요소가 학습 목표의 의미를 퇴색시키는 경향이 있다고 보기 때문이다.

3단계에서는 교과 내용을 학생들에게 전달하는 과정을 준비, 전개, 마무리로 나누어 기록하는 것이다. 이 과정에서 앞서 2단계에서 세운 수업 목표에서 진술된 사고 수준을 달성할 수 있도록 수업 활동을 계획할 것과 유연성 있게 추후에 조정할 수 있도록 개요 형태로 쓰는 것을 권한다.

4단계에서는 수업의 학습 내용이 하나님, 창조, 인간, 도덕 체계, 목적이라는 보다 큰 그림과 어떻게 연결되는지 자문해보고 가장 관련이 깊은 요소를 선정하는 것이다. 이 때 다섯 가지 요소에 중복적으로 연결될 가능성이 많지만 오버만과 존슨(Overman & Johnson)은 '그 수업'에서 강조하고자 하는 한 가지 주된 요소를 찾아 좁히는 것이 필요하다고 주장한다. 해당 수업에서 선택하지 않은 요소에 의한 통합 수업은 보다 더 나은 맥락을 갖는 '다른 날'에 하는 것을 권한다.

5단계에서는 계획하는 수업에서 통합할 구체적인 성경 진리를 명시한다. 여기서 '구체적인 성경 진리'란 4단계에서 던졌던 성경적 세계관 요소와 관련하여 '무엇에 관하여'라는 질문에 답하는 것이다. 이 진술문의 주어는 그것과 연결된 세계관 요소의 주어와 일치되어야 한다. 예를 들어, 구체적인 성경 진리가 '인류'와 연관된다면 5단계에서 진술은 '인류', '인간', 혹은 '사람' 등의 낱말이 주어로 들어가야 한다. 그리고 일반적인 전제나 원리의 형태로 진술될 수 있어 항상 구체적인 성경 구절의 형태로 진술될 필요는 없다.

6단계에서는 도달할 성경적 세계관 통합 목표를 결정한다. 5단계에서 확인한 구체적인 성경 진리를 포함하는 목표로 진술하되 2단계에서 확인했던 수업/단원 목표와 조화를 이루도록 하면서 이를 위해 사고 수준, 구체적인 성경 진리, 학습 내용으로 구분하여 정리하는 것을 제안한다. 수업/단원 목표에서 진술했던 사고 수준을 넘지 않도록 한다고 하는데 그것은 수업의 통합적인 부분이 기존의 수업 목표를 압도하지 못하게 하기 위해서라고 한다. 예를 들어 수업 목표의 사고 수준이 '이해'이고 통합 목표의 사고 수준이 '평가'라면 수업의 통합 부분이 학습 목표 자체보다 더 큰 초점이 될 가능성이 높아져 기존의 수업에 대한 성경적 세계관 통합이 아닌 다른 수업에 대한 통합 결과가 되어 버리기 때문이라는 것이다.

7단계에서는 주어진 공간에 통합 계획을 기록한다. 이 때 학생들을 통합 목표로 끌어들일 수 있는 진술이나 질문을 작성한다. 방법은 학습 내용과 성경적 세계관 연결을 교사가 할 것인지, 아니면 학생 스스로 하도록 기회를 제공할 것인지 결정하는 것이 중요하다. 그리고 진술문이나 질문 등의 형태로 추출된 통합 계획들이 제 3단계 수업 계획의 어느 부분에 연결되는지를 화살표로 표시하도록 하였다.

8단계에서는 수업이 끝난 후 다음번에 이 수업을 가르칠 때 도움이 되거나 또는 동일한 수업을 다른 교사가 할 때 도움이 될 만한 내용을 추가한다.

1) 통합주제: 하나님, 창조, 인류, 도덕체계, 목적

2) 제시전략: 기독교적 진리의 단순진술.
학생으로 연결고리를 찾게 함.
성경적 진리가 주는 유익에 대한 진술

이 모형으로 작성한 예 중에서 초등학교 수준에 해당하는 것을 소개하면 〈표 6-8〉과 같다.

<표 6-8> 건강과목

<table>
<tr><td colspan="3">1. 과목: 건강 참고 도서: 좋은 건강 선택하기(아베카출판사)pp. 299-341 학년: 6</td></tr>
<tr><td colspan="3">교사:Roy Hinderer 학교: spanaway 캐스케이트 엘렘 기독초등학교 연락처:www.cascademchristianschool.org</td></tr>
<tr>
<td>2. 수업or단원목표/결과
사고수준에 밑줄을 긋고 학습내용은 동그라미 치시오.
단원 목표: 약물의 책임 있는 사용은 사람의 복지증진을 위해서만 사용하는 것임을 학생들이 분명하게 표현할 수 있다.

3. 수업계획
a) 준비(학생들이 "학습 준비"가 되게 함)
첫 번째 수업: 교사는 학생들이 여러 약물 사진 에 대해 반응을 보이고 그 약 물이 몸에 좋은지 나쁜지를 결정 하게 한다.
b) 전개(수업 계획의 개요)
두 번째 수업: 개인 과제 - 8장을 요약한다; 굵 은 글씨로 된 모든 용어를 포함 시킨다(각 약물의 정의와 긍·부정 적 효능을 기록한다.).
세 번째 수업: 그룹 활동 - 2명씩 그룹을 지어 교사가 지정해준 주제의 긍·부정 적 효능을 설명하는 포스트를 제 작하고(하거나) 파워포인트로 발표하게 한다.
네 번째 수업: 구두 발표 - 각 그룹은 자신이 배 운 내용을 학급 전체에 2~3분가량 보고하게 한다.
c) 마무리(요점 반복, 전이, 과제 등)
평가: 시험 - 단원시험은 글쓰기 3편이며, 이 중 2편은 반드시, 2개 약물의 효능에 대해 쓰 도록 한다.
세 번째 글은 약물 사용에 따른 우리의 책임 에 대한 학생의 이해와 관련해서 쓴다.</td>
<td>1. 상단에 있는 과목, 참고 도서, 학년, 교사 등 기록
2. 수업/단원 목표 결정
3. 수업 계획의 개요를 작성
4. 성경적 세계관 요소 선택
5. 통합시킬 구체적 성경 진리 명시
6. 성경적 세계관 통합 목표 기록
7. 통합 계획 결정
8. 수업 후 소감이 있으면 추가

7. 통합 계획
우리는 하나님의 목적을 위해 특별히 강조되었고, 자신의 몸을 보살피는 자(者)라는 사실과 관련된 성 경 구절을 공부할 것이다. 우리는 또한 그의 영광을 위해 그의 뜻에 봉사하고 그 뜻으로 성취하는 그릇 이라는 사실과 관련된 성경 구절을 공부할 것이다.

8. 수업 후 소감</td>
<td>4. 성경적 세계관 요소
수업내용을 다음의 보다 큰 그림과 어떻게 연결할 것인가

☐하나님
☐창조
☐인류
☐도덕체계
☑목적
중 하나를 선택

5. 통합시킬 구체적 성경진리
하나님의 목적은 그것을 성취하는 그릇인 인간의 몸을 올바르게 보살필 때 더 잘 성취될 수 있다.

6. 성경적 세계관 통합목표
사고수준: 학생들은 인식하게 된다.

구체적 성경 진리: 하나님의 목적은 그것을 성취하는 그릇인 인간의 몸을 올바르게 보살필 때 더 잘 성취될 수 있다는 것을

학습내용: 구약물의 책임 있는 사용에 관한 단원 공부에 참여함으로써</td>
</tr>
</table>

출처: Overman과 Johnson(2003)

3. 에들린의 기독교교육과정

리처드 에들린(Richard J. Edlin)의 기독교교육과정의 특징은 교육과정 핵심에 성경연구를 놓고 교과간 주제통합을 최대화하여 주제 주간(Theme Week)을 두는 것을 특징으로 한다. 그가 제안한 교육과정 개발 절차는 다음 [그림 6-1]과 같다.

중립은 없다 : 교육에 대한 기독교적 접근

↓

…은 무엇인가? (정의)

↓

기독교적인 특징들

↓

학생 그들은 어디로부터 왔는가? 그들은 현재 어디에 있는가? 그들은 어디로 가고 있는가?	←	문화적으로 영적으로 학문적으로 사회적으로

↓

목적과 목표들

↙ ↘

자원들	교육과정 내용과 기능
↓	↓

교실

[그림 6-1] 에들린의 교육과정 개발 흐름

출처: Edlin(1999) 기독교 교육의 기초 P.210.

우리가 그간 가지고 있었던 기독교 교육과정개발에 대한 오해는 다음과 같은 것들이다. 이러한 문제의 극복이 우리의 기독교교육을 진일보하게 할 것이다.

1) 교육과정개념의 문제: 진리는 지식이 아닌 인격, 그러므로 교육과정은 문서의 완성도 보다는 '교사중심교육과정'이 되도록 해야 한다.
2) 교육과정개발 능력의 문제: 국가수준교과서에 의존하는 교사교육. 그러므로 교육과정 및 세계관에 대한 안목을 증진해야한다.
3) 교육과정개발에 대한 오해: "완벽한 교육과정을 출판한다!" (완벽한 교육과정보다는 참조가 될 수 있도록)라는 이상에서 벗어나야 한다.
4) 기독교 교육과정 실행의 오해: 국가수준교육과정의 내용을 출발점으로 하여 성경에서 확증받아 가르치는 것을 기독교 교육과정이라고 착각하는 경우에 대한 문제를 인식해야 한다. 교육과정의 근거는 성경이어야 하고, 목표는 영혼구원에 있어야 한다. 영혼구원은 기독교교육에서 선행되어야 할 일차적이고 본질적인 일이다(마태복음 28장 18~20절).

생각해 볼 문제

1. 기독교세계관에 기초한 단원개발 모형으로서 제안된 브루멜른 모형과 오버만과 존슨의 BWI 모형에서 강조하는 공통점과 차이점을 비교 분석해 보자.

2. 본인에게 의미있는 주제를 정해 브루멜른 모형에서 제안하는 주제 진술문을 작성해보자.

07 기독교 교육과정 개발의 실제

1. 미션스쿨 회복의 필요성
2. 기독교 교육과정개발의 실제
3. 기독교 교육과정개발의 의미

실제 한 미션스쿨에서 이루어진 기독교세계관에 기초한 교육과정개발 사례를 소개한다. 여기에는 두 가지 차원의 논의가 있다. 하나는 전 학교적으로 기독교교육과정개발이 어떻게 미션스쿨의 기독성의 회복을 가져왔는가 하는 것이고 또 하나는 교육과정차원에서 기독교세계관의 적용이 어떻게 교사차원에서 회개와 신앙적 성숙의 의미를 가지는가이다.

1. 미션스쿨 회복의 필요성

기독교세계관에 입각하여 교과교육과정을 재구성하려는 노력이 한국에서는 약 20여 년 전부터 기독교사모임들과 기독대안학교운동 등을 중심으로 이루어져왔고, ACTS의 교육대학원을 비롯한 기독교사들의 재교육에서는 이러한 기독교교육과정 재구성이 기독교사 재교육의 주된 부분을 차지해왔다. 이러한 현상의 배경은 다음과 같이 세 가지로 정리될 수 있다.

첫째, 기독교학교교육의 반성과 관련된다. '진정한 기독교교육'은 학교교육(schooling) 전반의 모든 영역을 기독교세계관에 입각하여 할 수 있어야 하는데, 그간의 미션스쿨로 대변되었던 기독교학교교육은 예배와 성경을 제외한 다른 영역 특히 학교의 주된 부분을 차지하는 교과에서는 기독교세계관을 적용해오지 못하였다. 그 결과 미션스쿨(mission school)은 선교역할의 미흡뿐 아니라 기독교정신의 쇠퇴라는 결과를 안게 되었다는 반성과 함께한다. 이러한 맥락에서 진정한 기독교학교의 교육의 회복과 실현을 꿈꾸는 많은 미션스쿨의 기독교사, 대안학교들 그리고 일부 미션스쿨들은 기독교적 교육과정재구성을 기독교교육의 회복의 핵심으로 받아들이고 이 일에 주력해 왔다. 그동안 기독교대안학교연맹, 장로회신학대학교의 기독교학교연구소, 그리고 좋은교사회 등에서 주최하는 기독교교육과정개발을 위한 많은 컨퍼런스들과 기독교사 재교육기관, 그리고 기독출판사들에서는 북미 기독교교육과정개발이론들을 소개해왔다.

둘째, 한국교회의 반성과 관련된다. 기독교 교육과정개발의 노력은 그동안 한국교회가 삶 전체에 적용하여 통전적 회복을 도모하는 일에 소홀하여 삶과 신앙이 분리되는 이원론적 세계관에 붙들여 교육에서도 세상의 영향력 아래 있어왔다는 반성과 함께한다. 입시 위주의 교육이 한국사회에 심각한 사회현상으로 받아들여지면서 교회들은 교육 회복의 문제에 주목하기 시작하였다고 볼 수 있다. 또한 영적전쟁을 위한 하나님의 군사로 무장하는데 교회교육만으로는 부족하며, 특히나 학문의 세계에서도 역할을 감당하기 위해서는 기독교세계관으로 무장한 기독지성이 필요하다는 반성이 있게 되었다.

셋째, 일반 교육과정이론을 비롯한 사회과학의 패러다임 논쟁과 관련된다. 포스트모더니즘의 대두로 일반 학문세계에서는 패러다임의 논쟁이 일어나게 되었고, 이는 교육과정이론분야에서도 재개념화 논의를 촉발하며 모든 교육과정이 가치적인 문제와 관련있다는 인식을 하도록 하였다. 미국교육과정의 변천에 대해 교육사학자 클리바드(Kliebard, 1986)는 교육과정개혁 운동의 배후에는 항상 첨예하게 대립한 네 이해집단(인본주의자, 발달론자, 기능주의자, 갈등주의자)이 확인되는데 이 세력들은 자신의 이데올로기에 따라 학교에서 무엇을 가르칠 것인지의 영역을 가지고 첨예하게 대립하여 치열한 싸움을 벌여왔다고 지적하였다. 이러한 맥락에서 기독교교육의 논의에서도 교육과정이 패러다임(paradigm) 즉 세계관 측면에서 학문과 지식은 가치중립적이란 모더니즘적 사고에서 벗어나 기독교적 세계관에 입각해 기독교학교의 교과교육과 구체적인 교수과정에 대한 비판과 함께 그 대안을 모색하도록 하였다.

최근 한국의 기독교교육관련 논의에서는 '기독교학교'와 '미션스쿨'을 구분하고자 하여왔다. 즉 '기독교학교'는 교과를 포함한 학교교육전반의 모든 비교과 및 학교행정과 운영의 모든 측면을 기독교세계관에 입각하여 하고, 그 대상을 기독인으로 한다. 반면 '미션스쿨(때로는 기독교계 학교)'은 설립의 목적을 선교에 두고 비기독교인을 우선적인 교육의 대상으로 학원선교를 목적으로 하여 예배와 성경을 가르치지만 이를 제외한 학교교육과정운영의 다른 측면에서는 일반학교와 다를 바가 없는 학교라고 구분 지어왔다. 이러한 구별은 기독교학교운동과 연관하여 보다 진정한 기독교학교의 구현을 도모하기 위한 것이었다.

그러나 미션스쿨의 입장에서 볼 때, 이러한 구분은 미션스쿨의 회복에 대해 면죄부를 주는 것 같은 인상을 가지게 할뿐 아니라 현실적으로는 선교와 기독인 2세들의 영적 지성을 교육하는 일을 구분 짓기란 쉽지 않다. 또한 학교운영전반이 얼마나 기독교적인가를 구분하는 일도 쉽지 않다. 따라서 미션스쿨을 기독교학교와 구분 짓기보다는 이를 위한 회복의 노력이 우선되어야 할 것이다.

기독대안학교설립운동과 비교해 볼 때 제도권 안에 있는 미션스쿨의 회복은 여러 가지 제약이 많음에도 불구하고 우리사회의 교육의 회복에 매우 중요하다. 우리나라의 사학은 전체 학교의 약 25%를 차지하고 이 중에 기독교계 사학은 상당한 비중을 차지한다. 2006년 기준으로 볼 때, 기독교학교를 표방하는 기독교대안학교는 43개에 그치는 반면 기독교학교연맹의 400여 개의 회원학교와 기독교학교연합의 132개의 회원학교의 대부분은 미션스쿨인 것이다.

그리고 한국 근대화시기의 미션스쿨들은 그 당시 사회의 당면과제였던 교육의 근대화와 교육구국에 있어서 중요한 기여를 한 것으로 평가되었다(오천석, 1975; 한규원, 2003). 1910년을 기준으로 950여개가 되었던 근대 기독교학교 교육과정은 외형적으로 모더니즘의 영성과 지성을 분리하는 이원론에 붙들린 것처럼 보이지만, 실제의 교육활동을 살펴보면 한말의 개신교 포교활동의 억제정책에도 불구하고 당시 기독교학교의 교육의 전반이 개인구원과 삶의 전영역의 회복으로 이끌리고 있음을 알 수 있다(김정효, 2007). 이것은 교과교육과정으로 이루어진 것이 아니라 당시 교사였던 선교사들에 의한 비교과 교육과정에 의해 이루어진 것이라고 볼 수 있다. 이러한 통합방식은 교사를 통한 통합과 교육과정을 통한 통합으로 분류한 게블라인(Gaebelein, 1991)의 통합분류방식에 의한다면 '교사를 통한 통합'이라고 말 할 수 있다. 당시 교사들은 자신의 삶을 온전히 거룩한 산 제사로 드리는 선교사들이었다. 이들의 삶을 통해 나오는 교육은 곧 기독교정신이 실천됨으로써 교사를 통한 통합이 이루어졌다고 보인다.

이와 같이 한국교육의 상당부분을 차지하고 근대교육사에서 한국사회에 의미있는 기여를 한 미션스쿨의 회복은 현대 우리사회가 가지는 물질주의에서 비롯된 여러 가지 교육적 병폐를 극복하고, 교육을 회복하는 일과 직결되어 있다고 볼 수 있다. 현재 초등교육수준과 중등교육수준의 비평준화지역의 미션스쿨은 학생의 학교선택권이 주어지기 때문에 비교적 용이하게 교과교육과정에 기독교세계관을 적용할 수 있다고 보인다. 그리고 재정지원을 받는 미션스쿨들도 모든 교육이 가치함의적이라는 점에서 학습자의 종교적 자유를 침해하지 않는 범위에서 인성교육뿐 아니라 교과교육에서도 기독교적 세계관이 적용될 수 있도록 해야 한다고 여겨진다.

2. 기독교 교육과정개발의 실제

여기서는 한 초등학교의 기독교 교육과정 재구성을 참여학교의 맥락적 상황, 그리고 교육과정 개발절차 및 방법으로 대별하여 살펴보도록 한다.

1) 사례학교의 맥락적 상황

이 초등학교는 기독교 교육이념을 근간으로 아동중심교육이라는 교육철학을 표방하며 1955년 개교한 학교이다. 이 초등학교는 개교당시와 1960년대에는 아동중심교육을 실천하여 우리 사회에 진정한 아동교육의 이해를 증진하는데 중요한 역할을 하였다. 그 후 1990년대부터 최근에는 주 5일제수업, 교과전담제, 창의적 문제해결력 교육과정 개발 등의 연구결과물을 내놓음으로써 우리 사회의 초등교육의 지평을 여는데 일익을 담당해왔다. 이와 같이 이 학교는 무분별한 조기교육과 선수학습으로 인해 파행으로 치닫는 교육현실에서 아동 한 사람, 한 사람을 배려하는 아동존중교육으로 교육의 원칙을 지킴으로써 진정한 교육적 가치가 무엇인지에 대한 가늠자의 역할을 하려고 노력하여왔다.

좀더 구체적으로 이 초등학교의 교육을 비공식적 교육과 공식적 교육으로 나누어 살펴보면 다음과 같다. 이 초등학교의 비공식적 교육과정은 아동존중의 가치관이 짙게 배어있다. 예를 들어, 학교장의 시상제도와 추천제도 그리고 반장제도가 없고 불필요한 경쟁을 최대한 지양하고 각자의 개성을 존중한다. 따라서 학교를 대표하여 대회에 참석하는 것이나 경진대회 참가를 지양하고 아동의 다양성을 서술적으로 평가하는 보고서를 통해 아동과 학부모를 격려한다. 졸업식에서는 120명 학생 한 사람, 한 사람이 모두 직접 학교장으로부터 졸업장과 기념품을 받도록 하고 우등상이나 공로상 등의 개별시상을 하지 않도록 한다. 또한 모든 행사는 보여주기 위한 행사가 아니라 모두가 정규교육과정과 연계되고 그 일환으로 하게 된다.

월요일 아침 모든 교직원과 학생이 함께 예배로 한 주를 시작하고 예배의 설교는 6년간의 교육과정으로 계획되어 도덕교육에 반영한다. 또한 인성교육의 문제가 단편적인 행동수정과 훈계를 넘어서는 근본적인 정신건강과 심리적인 문제와 관련이 있음을 일찍이 파악하고 전문상담자의 도움을 받아 상담실을 운영하고 있다. 최근에는 기독상담 전공자로 아동의 신앙상담까지도 할 수 있도록 한다. 교사들은 사명감을 가지며 촌지 없는 학교로 유명하고 교사는 아이들이 직접 만든 종이꽃 이외에 어떠한 선물도 받지 않는 것을 원칙으로 하고 있다. 교과교육과정에서도 이 학교는 국가수준의 교과교육과정이 가지는 문제, 즉 기능적이고 단편적인 사실적 지식 중심의 교육과정에서 벗어나 각 교과별로 주된 원리와 원리를 연결하여 전이성이 높은 핵심아이디어와 주제를 중심으로 하는 창의적 문제해결력 중심의 교육과정을 재구성하여 가지고 있다. 이 학교교육과정은 교육부에서 선정하는 최우수교육과정으로 표창받은 바 있는데 〈표 7-1〉은 사회과 교육과정의 예이다.

이와 같이 이 초등학교가 그동안 행해온 기독교교육의 형태는 “모든 학생에게 기독교적인 것을 가치로 설정하여 기독교적 영향력을 끼치려고 하는 도덕성모델"(박상진, 2006)로서 일반적 차원에서의 교육에 기여한 바가 크다고 보지만 선교적 측면에서는 미온적, 간접적인 것이었고, 보다 직접적인 영혼구원과 삶의 전 영역에의 회복을 도모하지 못하는 한계를 가지고 있었다.

기독교학교로서 이러한 도덕성 모델은 결과적으로 다음과 같은 문제를 가져왔다.

첫째, 아동교육을 잘하는 것, 즉 아동의 인격을 존중하고 정의를 실천하고 이웃을 섬겨야 한다는 것을 가르치는 것으로 기독교정신을 구현한다고 생각하였다. 모든 학교의 일들은 기독교 정신에 입각하려고 하지만 비기독교인 학부모를 배려해야한다는 이유로 기독교정신을 문서에 명시화하거나 성경과 직접적으로 연관을 지을 필요는 없다고 생각하였다.

둘째, 직접적인 영혼구원은 교사의 개인적인 호의에 의해 이루어지며 공식적으로 그것은 학교의 일이 아니라 교회일로 유보되었다. 학교의 기독인 교사들도 신앙과 교직을 분리하거나, 인성교육 측면에서만 적용하려고 하였지, 자신이 가르치는 교과에 적용할 수 있다는 것은 생각할 수 없었다.

셋째, 이미 학교전통으로 굳어진 다양한 교육활동 이면에 있던 기독교정신은 간과되고 전통의 형식만 남게 되어 새로 부임한 교사들은 왜 그러한 전통이 생겼는지 알지 못하게 되었다.

<표 7-1> 사례초등학교의 사회교육과정

학년	Theme	내 용 지 식			과정지식	창 의 적 사 고 기 능	
		인간과 공간 (지리, 환경)	인간과 시간 (역사, 문화, 인류)	인간과 사회 (정치, 경제, 사회)	탐구과정 지식	확산적 사고	비판적 사고
		총 괄 개 념 및 기 능					
		인간과 자연간의 상호작용은 장소에 따라 인간 생활을 다양하게 하며, 고장, 지방 및 국토 전체와 세계 여러 지역은 지리적으로 특성이 있다.	우리 나라의 역사적 전통과 문화는 특수하게 발전했으며, 이에 대한 이해는 인류 생활의 발달 과정과 각 시대의 문화적 특색을 파악하는 바탕이 된다.	사회 생활에는 기본적 지식과 정치, 경제, 사회, 문화 현상에 대한 기본적 원리가 있으며, 현대 사회의 성격 및 민주적 사회 생활을 위해서는 해결해야 할 여러 가지 문제가 있다	사회 현상과 문제를 파악하고 해결하는데 필요한 탐구지식을 활용하여 사회적 문제를 해결한다	다양한 관점에서 융통성있게 사고하며 새롭고 독창적인 방식으로 문제를 다룬다	논리적이고 분석적인 사고를 토대로 문제를 명료화하고 가능한 방안들의 타당성을 평가함으로써 문제의 해결책을 구체화한다
		학 년 개 념 및 기 능					
1	관계 변화 다양성		시간의 흐름에 따라 사람이나 사물, 자연은 변한다	사회의 다양한 공동체들은 자신의 역할이 있고 서로 도움을 주고 받는다 사회에는 공동생활을 위해 규칙과 규범이 있다	사물을 관찰, 비교하여 공통점과 차이점을 찾아 비교하며 의사소통한다	서로 관련이 없어 보이는 사물이나 현상들간의 관련성을 찾는다	문제를 명료화하고 자료에 근거한 판단을 할 수 있다
2	관계 변화 이동 다양성	인간은 인문적, 자연적 환경속에서 살아간다	시간의 흐름에 따라 사람이나 사물, 자연은 변한다	자연적 인문적 환경의 차이는 물적 자원의 이동을 발생시킨다. 인간의 욕구는 무한한데 비해 자원은 부족하므로 선택을 하여 다른 욕구를 포기하게 된다	사물을 관찰, 비교, 측정, 조사하여 설명하며 의사소통한다		

출처: 이대부속초등학교(2005) 창의적 문제 해결력 신집을 위한학교 교육과정 4학년, p.96

		학 년 개 념 및 기 능					
3	관계 변화 이동 다양성	모든 지역은 지리적 위치를 가지며, 그 위치는 다른 지역들 간의 관계 속에서 결정된다. 인간은 환경의 영향을 받고 환경은 인간의 생활에 영향을 줌으로써 상호작용한다	도구의 변화, 과학기술의 변화는 인간의 생활 양식에 영향을 미친다 문화는 과거로부터 이어져오는 역사적 산물이며, 정의적, 정서적, 물리적 측면에서 계속적으로 창조, 변화, 발전되어 왔다.	인적 물적 자원의 유통을 통하여 고장과 고장은 상호의존한다 사회 구성원은 누구나 편리하고 행복한 삶을 원하며, 이를 추구하기위해 여러 사회 기관을 형성한다.	자료를 수집하고 체계적으로 분류하고 정리하여 설명하거나 시범을 보이며 의사소통한다	문제를 다양한 시각에서 해석하고 여러 정보를 토대로 새로운 문제 해결 방안을 찾는다	정의된 문제와 수집된 정보, 해결방안의 적절성과 타당성을 평가한다
4	관계 변화 이동 다양성	인간은 자연환경과 지역적 특성에 맞는 산업과 생활패턴을 발달시킨다 자연환경의 차이와 자원의 불균등한 분포는 인적, 물적 자원의 이동을 발생시킨다	한 국가의 문화유산은 역사의 흐름을 반영하고 현재의 생활패턴을 이해하는데 도움을 준다	민주사회에서는 주민자치의 원리에 의해 대표가 선출되며 대표에 의해 정치에 참여한다 사회의 기본단위인 가정의 형태는 변해도 가치에는 변함이 없다 인간의 욕망에 비해 자원은 한정되어 있다 산업의 발달과 현명한 경제활동은 인간생활향상에 영향을 미친다	지식과 정보를 선별하여 수집하고 분석, 종합하며 문제를 정의 내리고 시범을 보이며 의사소통한다		

		학 년 개 념 및 기 능					
5	관계 변화 이동 다양성	자연환경은 인간의 의식주 생활에 영향을 미친다 인간의 자연 이용과 개발은 자연환경을 변화시킨다 집단의 구성원과 자연경관은 장소의 특성을 결정한다 공간의 위치는 다른 공간과의 관계속에서 발달한다	문화유산들은 시간의 흐름속에서 소멸, 발전되어 현재까지 영향을 미친다 다른 문화와의 접촉(종교전파)은 한 국가의 문화적 성격을 변화시키는 요인이 기도 하며 현재 생활까지 영향을 미친다	자원과 인구의 불균등한 분포는 무역을 경제복지의 필수요소로 만든다 전문화와 분업은 경제체제의 효율성을 증가시킨다 국가의 경제발전은 자원, 자본의 유용성 및 노동력의 질과 관련된다	가설을 세우고 필요한 자료를 수집하고 처리하며 시범, 기호화하여 의사소통하고 일반화한다	문제 해결에 필요한 정보를 새로운 시각에서 수집함으로써 독창적인 방식으로 문제 해결 전략을 수립한다	문제 해결을 위한 가설의 타당성을 평가하고, 해결방안들의 적절성과 신뢰성을 확인함으로써 실제적으로 문제를 해결한다
6	관계 변화 이동 다양성	접근성, 상대적 위치, 정치적 특성은 다른 장소와의 상호작용의 유형과 정도에 영향을 미친다	역사는 인간의 노력에 의해 보편적, 필연적으로 변화를 계속하며 이 변화는 문화의 전통에 영향을 끼치고 인간의 생활모습을 변화시킨다 문화는 어떤 집단의 가치, 신념, 제도의 요소를 포함하며 그것은 삶에 영향을 미친다	민주주의 사회에서는 대화와 타협의 과정을 거쳐 의사를 결정하며 시민의 참여를 바탕으로 사회가 유지된다 민주주의 사회는 사회구성원에 의해 조직된 권위테제, 즉 입법부, 행정부, 사법부에 의해 유지된다	문제와 관련된 변인을 찾고 가설을 세워 연구를 설계, 수행하고 관련 자료들을 정리, 해석한다		

2) 교과 교육과정 개발을 위한 준비단계

학교교육과정에 기독교세계관을 적용하는 일은 이 초등학교 교사들의 회복과 연관되었다. 그리고 그것은 이론을 실제에 적용하는 일회적이고 단선적인 것도 아니었다. 이 초등학교의 교육과정 재구성은 (1) 이론적 접근과 실제 체험 (2) 이원론적 사고인식과 기존의 교육실행에 대한 반성 (3) 교과외적인 실행에 대한 기독교적 재해석 등의 단계를 거치면서 진전되어졌다. 이를 단계별로 살펴보면 다음과 같다.

(1) 기독교 교육과정 이론연구와 실제 체험

연수를 통해 공식적 교육과정을 기독교적 세계관으로 재구성할 수 있도록 브루멜른(Brummelen), 오버만과 존슨(Overman & Johnson)의 기독교 교육과정개발방법 등을 학습할 수 있도록 하였다. 그러나 여전히 교사들은 기독교교육과정이 실제 어떻게 기독교 교과과정으로 구현되는지 눈으로 확인하기를 원했다. 따라서 이 학교 교사들은 직접 기독교교육의 실제를 확인하고자 외국의 기독교학교를 방문하여 실제 이루어지는 기독교학교교육을 참관하였다.

(2) 이원론적 사고에 대한 자각과 반성

참여교사들은 외국 기독교학교 방문을 통해 자신들이 이원론적인 가치관으로 살아왔음을 자각하는 계기가 되었고 삶의 전 영역이 복음으로 회복된다는 의미를 깨닫기 시작하였다. 이 초등학교는 아동중심교육이 기독교교육에서 활용될 수 있는 바람직한 교육적 대안이라고 생각하여왔다. 그러나 이 아동중심교육사상은 인본주의 선언(Humanist Manifesto)과 관련되어 있다. 이는 1933년 듀이(Dewey)가 참여한 미국의 휴머니스트협회에서 공포되었는데, 그 1조가 '인간의 필요와 관심과 분리된 전통적이고 권위주의적인 종교는 인류에게 해악이 되며, 인류는 신적 존재로부터의 구원을 필요로 하지 않고 다만 스스로를 구원해야 할 뿐이다'라고 되어 있다.

따라서 학교전반에 배어있는 듀이식의 아동존중의 개념과 기독교적 아동존중이 어떻게 다른지에 대해 구분해 나아가야 했다. 아동이 존중되어야 하는 이유는 하나님의 형상으로 만들어졌으며 예수님이 보혈로 사신 바 되었기 때문이지 인간이 모든 우주에 기준이 되기 때문이 아니다. 따라서 이 학교에는 아동존중을 위해 수상제도가 없고 운동회에서도 승패확인을 않는다. 이것은 신임교사들에게 개성존중을 넘어 평등주의적 사고를 하도록 하였다. 이러한 평등주의는 문제가 될 때가 있다. 우리의 재능은 종류도 다르지만 각자에게 나누어 주신 분량 역시 차이가 있다고 성경은 말한다. 따라서 보상제도가 없는 것은 우리의 재능이 하나님의 선물이고 이를 통한 선행은 이에 대한 감사의 보답이기 때문임을 다시 확인하도록 하였다.

(3) 교과 외적인 활동에 대한 기독교적 의미 재해석과 계속적 시도

이제 일상적으로 행했던 모든 전통들의 의미에 대해 서서히 기독교적인 시각에서 질문할 수 있게 되었다. 학부모가 학비를 내는 것은 교육적 노동을 사는 것이 아니라 학부모 자신이 선택한 학교의 건학이념을 지지하여 여러 가지 지원을 하는 것 중에 재정적 지원에 해당한다고 받아들이게 되었다. 특히 '진선미'라는 교훈 역시 '참되고 착하고 아름답게'라고 해석하던 것을 직접적으로 성경과 연결하여 '예수님을 아는 참됨(진), 예수님을 통한 선함(선), 예수님의 십자가 사랑을 실천하는 아름다움(미)' 라고 하여 기독교정신이 보다 분명히 드러나도록 하였다.

그리고 이러한 일로 인해 학교공동체가 가지는 심리적 부담을 극복하는 일이 필요하였다. 일부교사들은 "우리학교가 기독교학교가 아니고 비기독교인을 대상으로 해야 하는 선교학교였는데 그러면 이제 기독교학교가 돼야 하는 것인가"라고 반문하기도 했다. 그리고 일부교사들은 학부모의 반발에 대해 걱정하였고 또 소수 비기독교 교사들은 내심 자신의 위치에 대해 불안해하기도 했다. 이러한 시점에서 더 이상 기독교교육의 회복은 교과과정 재구성의 문제라기보다는 교사공동체의 합의와 재헌신의 문제가 되었다.

이러한 심리적인 저항의 문제들을 위해서는 정죄가 아닌 권면 그리고 동료애를 강조하는 것이 필요하였으며, 시도와 재시도를 통해 지속적인 성장을 격려하는 일이 필요하였다. 또한 선교학교로서 비기독인 학부모와 아동에게는 조심스러운 접근이 필요하다는 인식을 공유하였다. 따라서 교사의 종교의 자유와 학습자의 인권보호의 문제에 대해 심각한 질문과 토론이 있었고 이러한 문제의 해결책을 찾는 과정이 이원적인 사고에서 벗어나는 하나의 과정이 되었다.

3) 교과 교육과정개발 절차

2007학년도 신학기를 위한 겨울방학연수에서 학년별로 그리고 영어와 예체능교과에서 기독교적 교육과정개발에서 최소화되어야 할 것, 강화될 것, 첨가될 것을 학년별로 제출하도록 하였다. 그리고 2008학년도에는 각 학년별로 1단원씩 기독교교육과정을 재구성, 적용하고 이를 2009년도에 다시 재수정 하도록 하였다. 이 과정에서는 기독학문연구회나 혹은 역사, 경제, 과학, 수학분야의 기독학자들을 초빙하여 강의를 들었다. 그리고 특히 4학년을 중심으로 기독교교육과정개발을 학년연구주제로 하여 먼저 교육과정을 재구성하여 다른 학년에 그 틀을 제공하고 개발체험을 공유하도록 하였다. 4학년은 총 6단원 정도를 개발하였는데 그 중 여기서는 4학년 2학기의 경제단원을 그 예로 제시하려고 한다.

그러나 계속되는 교사들의 질문은 매시간 기독교세계관이 강조되어야 하는지에 대한 것과 그렇게 되는 경우 충분히 학습내용에 집중하지 못한다는 문제를 토로하였다. 이에 대한 대안으로 올해부터 따로 성경시간을 통해 기독교세계관을 먼저 다루기로 하였다. 이를 위하여 10쪽 정도의 소책자로 약 15개 정도의 주제를 중심으로 학년초 1달간 '기독교교육선언: 어린이를 내게 오게 하라(심재승, 출판중)'를 가지고 기독교세계관을 가르치기로 하였다. 여기에는 창조, 타락, 구속, 그리고 회복 등 직접적인 영혼구원에 대한 내용과 이를 기반으로 아동의 생활 주위에서 만날 수 있는 중요한 주제들 예컨대, 학교, 공부, 휴식과 놀이, 일, 공동체, 친구 등에 대한 기독교세계관적인 의미를 다루도록 하였다. 먼저 기독교세계관에 대해 따로 입문하도록 하여 교과수업시간에 기독교세계관의 전제들 창조, 타락, 구속, 회복의 의미를 교과를 통해 전달하려 함으로 교과학습 내용을 심도있게 다루어지지 못하도록 하는 문제를 해결하였다.

다음의 경제단원은 2008년부터 시작하여 올해까지 다음과 같이 3회의 수정단계를 거치며 보다 세련된(그렇지만 완전하지 못한) 교육과정으로 재구성되었다.

작년에는 각 단원에서 다루어져야 하는 주요 개념과 그 개념의 바탕이 되는 성경적인 내용을 구체화시키기 위하여 오버만과 존슨(Overman & Johnson)의 BWI 모델에 근거하여 차시별 계획안을 개발하게 되었다. 이를 위해 연구참여교사들은 오버만과 존슨(Overman & Johnson)이 직접 강의하는 BWI 모형 연수에 참여하고, 기존의 학교교육과정의 단원 개념을 재확인하면서 BWI 모형에 근거해서 개발할 수 있는 차시를 선정, 개발했다.

올해에는 수업을 실제로 가능하게 해주는 문서와 단원 수준에서의 총체적인 재구성을 가능하게 해주는 접근이 필요했다. BWI 모형에 따른 차시안 작성은 하지 않고, 브루멜른(Brummelen)의 단원 개발 모형에 따라 경제 단원 전체를 조망해주는 성경적 세계관을 탐색했다. 이를 위해 브루멜른(Brummelen)의 기독교교육과정개론 이론강의에 참여하고, Encyclopedia of Bible Truths(1999)를 참고했다. 그 과정에서 교과와 단원 내 주요 개념 중심으로 개발된 학교교육과정의 학년개념에 따른 하위개념이 개념중심으로 되어 있지 않은 부분을 발견하고 그 부분을 개념 중심으로 수정하는 작업과 더불어 단원 전체를 재구성한 문서를 완성하게 되었다.

4) 브루멜른(Brummelen) 모형과 오버만과 존슨(Overman & Johnson) 모형의 결합을 이용한 개발

2008년에는 학교교육과정을 바탕으로 단원 전체를 개관하는 수준에서의 교육과정을 구성하였다. 그 틀은 브루멜른(Brummelen)의 단원개발 모델을 수정하여 사용하였다. 문서의 구조는 재구성의 바탕이 되는 학교교육과정의 학년개념과 하위개념, 관련 성경적세계관 탐색과정, 그리고 재구성한 단원 목표로 정리되었다. 그리고 개발한 12차시 중 3개 차시에서 집중적으로 다룰 수 있도록 BWI 모형에 따른 차시안을 개발하였다.

<기존의 학교교육과정>

영 역		진로지도
내용 지식	학년 개념	• 인간의 무한한 욕망에 비해 자원은 한정되어 있으므로 선택기준을 통한 현명한 선택이 필요하다. • 합리적인 가계 운영은 개인의 이익이 되고 국가 경제 발전에 도움이 된다.
	하위 개념	• 무한한 욕망에 비해 자원이 한정되어 있어 현명한 소비생활이 필요하다. • 생산을 위해서는 토지, 노동, 자본, 기술 등이 필요하다. • 가정의 소득은 다양한 생산 활동을 통해 얻어진다. • 알뜰한 가계 운영과 저축 증대는 개인의 이익이 되고 국가 경제 발전에 도움이 된다. • 가정의 소득은 가족이 생활하는 데 필요한 것들을 위해 쓰며, 현명한 지출을 하려면 가장 필요한 것부터 가격과 품질을 따져 보고 사야 한다. • 합리적인 용돈 관리를 위해 용돈기입장의 기록이 필요하다. • 은행은 다양한 예금과 대출 업무를 맡아서 관리하며, 금융기관에는 설립의 근거가 되는 법률을 기준으로 중앙은행, 일반은행, 특수은행, 비 은행 금융기관으로 나눈다. • 예금한 돈은 가정의 소득을 늘리게 해 주고 경제 발전에 도움을 준다.
과정지식		• 자료 수집 및 분류, 자료 분석 및 정리, 보고서 작성, 문제해결
창의적 사고 기능 및 태도		• 생활 속의 수많은 선택을 경제적, 합리적으로 할 수 있는 판단력을 기른다.

<단원 주제에 대한 성경적 세계관 탐색하기>

우리가 공부하는 주제 영역에 대한 하나님의 목적은 무엇인가?	인간의 불순종의 영향으로 하나님의 목적이 어떻게 왜곡되었는가?	하나님은 우리가 어떻게 응답하기를 원하는가?
• 모든 물질은 하나님께로부터 나온 것이며 주인은 창조주 하나님이시다. • 인간은 인간에게 주어진 소명을 실현하면서 소득을 얻는다. • 모든 물질은 하나님이 지으신 본래적 의미대로 소비되고 관리되어야 한다.	• 물질의 소유만을 중시하고 소득의 원천이 나의 능력과 노력 덕분이라고 생각한다. • 하나님의 주권을 잊고 하나님의 뜻에 맞지 않게(개인의 이익을 위해) 물질을 선택하고 소비한다. • 내가 가지고 있는 물질을 나누는 목적이 나를 높이기 위한 것이다.	• 인간은 돈을 관리하는 청지기이고, 가진 것이 한정되어 있음에 순종해야 한다. • 소득은 하나님이 창조하신 자연과 하나님이 주신 소명의 실천에서 비롯된 것이다. • 하나님의 뜻에 맞는 곳에 돈을 소비하고 관리하기 위해 노력해야 한다. • 내가 가진 것들을 나누는 목적이 하나님 안에서 모인 공동체를 위한 것이며 이는 하나님을 높이기 위한 것임을 알아야 한다.

<학습목표>

- 한정된 자원 때문에 합리적인 선택이 필요함을 알고 가진 것에 순종한다.
- 가장 좋은 선택을 위한 기준을 세울 수 있다.
- 합리적인 소비와 의사결정 과정을 안다.
- 경제활동의 기초가 되는 소득은 하나님께서 주신 자원과 개인의 소명의 실천에서 온 것임을 이해한다.
- 현명한 가계 지출이란 주어진 물질을 낭비하지 않고 꼭 필요한 것에 소비하는 것, 이웃과 나누는 것임을 안다.
- 현명한 용돈사용과 가계살림을 위해 용돈기입장과 가계부의 필요성과 기록방법을 안다.
- 돈을 잘 관리하기 위해 은행이 하는 일과 예금의 종류를 안다.
- 경제생활에서 물질에 대한 하나님의 주권을 인정하고 청지기적인 자세를 갖고 실천할 수 있다.
- 물질의 기부와 나눔의 의미를 성경적 개념으로 내면화하고 실천할 수 있다.

위의 단원 개관에 이어 단원 전체를 성경적 세계관에 기초한 차시별 내용과 활동으로 정리하였는데, 정리된 12개 차시 중 1-2차시의 내용은 다음과 같다. 차시에서 다루어야 하는 주요 내용은 2~3개의 활동으로 다루어지고 있으며, 각 차시의 배경이 되는 성경적 세계관은 따로 정리하였다.

<성경적 세계관에 기초한 차시별 내용과 활동>

차시	성경적 세계관	목표	학습내용 및 활동
1-2	- 하나님이 만물의 창조주임을 인정 - 내게 주어진 한정된 자원에 대한 감사	한정된 자원 때문에 합리적인 선택이 필요함을 알고 가진 것에 순종한다.	◎ 현명한 선택 ▶ 현명한 선택이란? : 가지고 싶은 것은 많지만 모두 가질 수 없을 때 가장 최선의 선택을 하는 판단 (끝없는 욕망과 한정된 자원 때문에) ▷ 1000원의 행복(또는 10000원의 행복) - 내가 천원(만원)을 의미있게 사용할 수 있는 방법은? ▷ 만약 나라면? - 나에게 35만원이 주어진다면 어떤 물건을 살지 생각해 보기 - 6종류의 물건 중 한 가지 또는 두 가지를 선택하기 - 왜 그러한 선택을 했는지 이유 생각해 보기
			◎ 끝없는 욕망과 한정된 자원 ▶ 인간의 욕망은 끝없는데 반해 자원은 한정되어 있어 현명한 소비생활이 필요함 ▷ 가지고 싶은 것들 - 분단별로 반전지에 가지고 싶은 것을 모두 적는다. - 가지고 싶은 것들 중에서 다섯 가지를 고른다. - 모두 가질 수 없는 이유를 찾아본다.

이렇게 개발된 12차시안 중 기독교세계관이 집중적으로 적용된 3차시를 BWI 모형으로 개발하였는데 그중 1, 2차시의 내용은 다음과 같다.

<BWI 모형에 따른 수업차시안(1-2차시)>

<table>
<tr>
<td>
1. 수업 목표/결과
- 유한한 자원과 무한한 인간의 욕망으로 인해 합리적인 선택이 필요함을 안다.

2. 수업 계획

가. 준비
▷ 35만원이 있다면? 활동
- 가지고 싶은 것은 많지만 모두 가질 수 없기 때문에 선택이 필요하다.
- 모두 어쩔 수 없는 선택이며 나에게는 최선의 선택이다.

나. 전개
▷ 현명한 선택의 개념 정리
- 사고 싶은 것은 많은데 돈이 모자라기 때문에 필요한 판단력

▷ 모둠 활동
- 내가 가지고 싶은 것을 다 적기
- 다 가지지 못하는 이유 정리하기

다. 마무리
- 천 원(또는 만원)의 행복 개인 활동
</td>
<td>
6. 통합 계획
- 활동 1에서 35만원을 전부 사용하지 않고 다른 물건을 더 살 수 있는데도 불구하고 필요한 한 가지 물건만 선택한 경우의 어린이에게 이유를 질문한다.
- 학생의 답을 들은 후 그런 마음의 바탕에 감사와 절제가 있음을 확인시켜 준다. 그리고 그 마음은 하나님께서 바라시는 마음임을 창 1:28과 창 2:16~ · 17절의 말씀을 통해 확인한다.
- 다음의 내용을 묵상하는 활동 첨가하기
- 감사 : 부모님께서 주시는 것에 대해
- 순종 : 부모님이나 선생님께서 우리에게 허락하지 않으시는 것에 대해
- 절제 : 부모님이나 선생님의 말씀에 순종할 때 필요한 마음

=〉 이상의 내용을 정리하자면 우리는 부모님께서 주시는 것에 감사하고 선생님의 말씀, 학교 규칙 등에 따르는데 그것은 힘이 약한 어린이여서 어쩔 수 없이 복종하는 것이 아니라 자녀이고 학생이기 때문에 순종하기로 선택하는 자발적인 마음으로 이를 위해서는 각자 절제력과 자족하는 마음이 필요하다.
</td>
<td>
3. 성경적 세계관 요소
□하나님 □창조 ☑인류
□도덕체계 □목적

4. 통합시킬 구체적 성경 진리

- 하나님께서는 우리가 하나님의 질서 안에서 순종하길 원하신다.
- 하나님께서는 우리가 하나님께서 주신 것에 감사하길 원하신다.
- 하나님께서는 우리가 절제할 수 있길 바라신다.

5. 성경적 세계관 통합 목표

가. 사고 수준
- 자원이 한정되어 있음을 인정하고 내가 가진 것에 감사하며 나의 무한한 욕망을 절제할 수 있다.
나. 구체적 성경 진리
- 창 2: 16~17 네가 동산에 있는 과일을 마음대로 먹을 수 있으나 단 한 가지 선악을 알게 하는 과일만은 먹지 말아라. 그것을 먹으면 네가 반드시 죽을 것이다.
다. 학습 내용 - 순종, 감사, 절제
</td>
</tr>
</table>

5) 수정된 4-2 경제단원 교육과정의 특징

다음의 교육과정문서는 학교교육과정, 단원 주제에 대한 성경적 세계관 탐색, 주제진술, 성경적 세계관으로 재구성한 하위개념, 성경적 세계관에 기초한 차시별 교수 내용과 방법으로 정리되었다. 이 과정에서 학교교육과정의 내용 중에 개념 중심이 아니라 낱낱의 지식수준으로 기술된 부분이 발견되어 하위개념을 부분적으로 수정하였다. 그리고 관련 성경 구절을 덧붙였다. 그 내용은 다음과 같다.

〈학교교육과정〉

영 역		인간과 사회
내용 지식	학년 개념	• 인간의 무한한 욕망에 비해 자원은 한정되어 있으므로 현명한 선택이 필요하다. • 합리적인 가계 운영은 개인에게 이익이 되고 국가 경제 발전에 도움이 된다.
	하위 개념	• 무한한 욕망에 비해 자원이 한정되어 있어 현명한 소비생활이 필요하다. • 가정의 소득은 다양한 생산 활동을 통해 얻어진다. • 가정의 소득은 가족이 생활하는 데 필요한 것들을 위해 쓰며, 현명하게 지출해야 한다. • 현명한 지출은 소비계획에 따라야 하며 이를 위해 가계부와 용돈기입장을 사용한다. • 합리적인 가계운영을 위해 다양한 은행을 활용한다. • 알뜰한 가계 운영과 저축 증대는 개인의 이익이 되고 국가 경제 발전에 도움이 된다.
과정지식		• 자료 수집 및 분류, 자료 분석 및 정리, 문제해결
창의적 사고 기능 및 태도		• 생활 속의 수많은 선택을 경제적이고 합리적으로 할 수 있는 판단력을 기른다.

<4-2 경제 단원 주제에 대한 성경적세계관 탐색하기>

우리가 공부하는 주제 영역에 대한 하나님의 목적은 무엇인가?	인간의 불순종의 영향으로 하나님의 목적이 어떻게 왜곡되었는가?	하나님은 우리가 어떻게 응답하기를 원하는가?
• 물질은 하나님께로부터 온 것으로 주인은 하나님이시다. • 인간은 주어진 소명을 실현하면서 소득을 얻는다. • 물질은 하나님이 지으신 본래의 의미대로 사용되어야 한다.	• 물질의 주인이 자신이라고 생각한다. • 소득의 원천을 자신의 능력과 노력으로 생각한다. • 소유한 물질을 자신의 것으로 여기므로 자신의 뜻에 따라 소비한다. • 현명한 선택이 필요한 이유를 한정된 자원과 인간의 무한한 욕망 때문이라고 생각한다. • 소유한 물질을 다른 사람과 나눌 때에도 나를 높이기 위한 경우가 있다.	• 물질의 주인은 하나님이심을 깨닫고 인간은 그것을 관리하는 청지기임을 인정한다. • 소득은 하나님이 창조하신 자연과 하나님이 주신 소명의 실천에서 비롯된 것이다. • 하나님의 뜻에 맞는 곳에 물질을 소비하고 관리하기 위해 노력해야 한다. • 우리에게 현명한 선택이 필요한 이유는 하나님으로부터 주어진 물질의 관리자이기 때문이다. • 자신의 물질을 나누는 목적은 하나님을 높이기 위한 것이다.

<주제진술>

하나님께서는 세상 만물을 창조하시고 인간에게 선악과를 제외한 모든 것을 누릴 수 있도록 허락하셨다. 인간에게 요구되는 것은 하나님께서 허락하지 않으신 것에 대해서는 순종하며, 허락하신 것에 대해서는 감사한 마음으로 누리고 관리하는 것이다. 그러나 인간은 물질의 소유권이 자기 자신에게 있는 것으로 생각하며 현재 가진 것 보다 더 많이 갖는 것을 끊임없이 추구하고 있다. 따라서, 인간은 주어진 물질을 자기 것으로 여기지 않고 하나님께서 잠시 맡겨주신 것으로 여기며, 자기 자신과 가족, 그리고 이웃을 위하여 사용할 수 있도록 노력해야 한다.

<성경적세계관으로 재구성한 하위개념>

- 하나님께서는 인간에게 필요한 것을 주시는 분이심을 알고, 내게 주신 것에 대해서는 감사하며 현명하게 사용하고, 가지지 못한 것에 대해서는 인정하고 순종한다.
- 경제활동의 기초가 되는 소득은 하나님께서 주신 자원과 개인의 소명을 실천하는 직업을 통해 생기는 것이다.
- 가정의 소득은 낭비하지 않고 꼭 필요한 것에 소비하고 이웃과 나누며 현명하게 지출해야 한다.
- 현명한 소비생활을 위해서 적합한 선택 기준을 세운다.
- 합리적인 소비란 현재 가진 돈으로 가장 만족할 수 있도록 지출하는 것이다.
- 현명한 지출은 소비계획에 따라야 하며 이를 위해 가계부와 용돈기입장 등을 사용한다.
- 은행이 하는 일과 예금의 종류를 알아야 하는 것은 하나님께서 내게 주신 돈을 잘 관리하기 위한 것이다.
- 합리적인 가계운영을 위해 적절한 은행을 활용할 때 그것은 개인 뿐 아니라 국가 경제 발전에도 도움이 된다.
- 우리가 가진 것은 하나님께서 주신 것이므로 청지기적인 마음으로 관리하며, 나와 가족, 그리고 도움을 필요로 하는 사람들을 위해 사용한다.

성경적 세계관으로 개발된 초등 4학년 사회 '현명한 선택' 단원

관련 성경 구절

창 2: 16～17
네가 동산에 있는 과일을 마음대로 먹을 수 있으나 단 한 가지 선악을 알게 하는 과일만은 먹지 말아라. 그것을 먹으면 네가 반드시 죽을 것이다.

시편 24:1
땅과 거기 충만한 것과 세계와 그 중에 거하는 자가
다 여호와의 것이며

<기독교 교육과정 재구성의 특징 1>

단원에서 다루어져야 하는 주요 내용의 의미를 살려주게 되었다. 이 단원에서는 현명한 관리를 위해서 가정에서의 가계부와 학생 수준에서의 용돈 기입장 활용, 그리고 은행의 활용에 대해서 다루게 되어 있다. 재구성 전에는 이 차시의 내용이 분절적으로 다루어지고, 각각의 내용이 학생들의 생활로부터 떨어져 탈맥락적으로 다루어져 차시별 내용의 필요성을 학생들이 공감하기에 힘든 체 '배워야 하는 내용'에 머무르는 수준이었다.

반면 재구성 후에는 물질은 하나님으로부터 받은 것이고 그것을 잘 관리하는 것은 선택이 아닌 본분으로서의 의미를 갖게 될 때 '물질을 누리고 잘 관리하는 데 필요한 방법으로서의 가계부, 용돈 기입장, 더 나아가 은행의 활용'에 대한 학습은 반드시 알고 활용해야 하는 생활 맥락적인, 의미가 살아나는 학습 내용이 되는 것이다.

<재구성 전>

차시	학습내용 및 활동
8	◎ 가계부 ▶ 알뜰한 가계의 지출 : 가정의 소득은 가족이 생활하는데 필요한 것들을 위해 쓰며 알뜰한 가계의 살림살이를 위해 가계부를 통해 수입과 지출을 기록하는 것 ▷ 가계부 작성 - 가족들의 주요 지출 항목에 대해 조사하고 소득과 지출의 종류와 내용 조사하기 - 알뜰한 경제살림을 위한 계획 세우기 - 줄일 수 있는 지출 항목 발표하기
9	◎ 용돈기입장 ▶ 합리적인 용돈 관리를 위해 용돈 기입장의 기록이 필요함 ▷ 용돈기입장 작성하기 - 나의 용돈을 계획 있게 쓰기 위한 방법에 대해 이야기 나누기 - 계획과 예산을 세운 후 꼭 필요한 곳에 소비하는 것에 대해 이야기하기 - 1개월 간의 용돈의 수입과 지출항목을 용돈기입장에 기록하기 - 개인의 용돈 관리 태도를 반성하기
10-11	◎ 은행이 하는 일 ▶ 은행이 하는 일: 예금, 출금, 대출, 공과금 수납, 환전, 상담, 송금 ▷ 은행이 하는 일과 예금의 종류에 대해 조사하기 - 우리 집 예금 통장은? - 은행에서 하는 일에 대해 조사하기 - 여러 가지 예금에 대해 알아보기 - 예금한 돈의 쓰임 알아보기(돈의 흐름) - 은행을 거래하는 방법의 변화에 대해 알아보기

<재구성 후>

차시	학습 내용 및 활동	자료 및 유의점
11	◎ 가계부 ▶ 하나님께서 나에게 맡겨주신 가계를 현명하게 관리하기 위해 가계부를 작성하며 가계운영을 반성한다. ▷ 가계부 작성과 분석 - 가족들의 주요 지출 항목에 대해 조사하고 소득과 지출의 종류와 내용 조사하기 - 알뜰한 경제 살림을 위한 계획 세우기 - 줄일 수 있는 지출 항목 찾아 발표하기 - 가계부 작성의 필요성 이야기하기	가계부 예시
12-13	◎ 용돈기입장 ▶ 하나님께서 나에게 맡겨주신 물질을 현명하게 관리하기 위해 용돈기입장을 작성하며 용돈 관리에 대해 반성한다. ▷ 용돈기입장 작성과 분석 - 나의 용돈을 계획있게 쓰기 위한 방법에 대해 이야기 나누기 - 계획과 예산을 세운 후 꼭 필요한 곳에 소비하는 것에 대해 이야기하기 - 1개월간의 용돈의 수입과 지출항목을 용돈기입장에 기록하기 - 개인의 용돈 관리 태도와 용돈 기입장의 필요성 이야기하기	용돈기입장 예시
14-15	◎ 은행 ▶ 하나님께서 나에게 맡겨주신 물질을 현명하게 관리하기 위해 은행이 하는 일과 예금의 종류를 알고 활용할 때 개인 뿐 아니라 국가 경제 발전에 도움이 된다. • 은행이 하는 일: 예금, 출금, 대출, 공과금 수납, 환전, 상담, 송금 ▷ 은행이 하는 일과 예금의 종류에 대해 조사하기 - 은행에서 하는 일에 대해 조사하기 - 여러 가지 예금에 대해 알아보기 - 예금한 돈의 쓰임 알아보기(돈의 흐름) - 은행을 거래하는 방법의 변화에 대해 알아보기 - 우리 생활에서 은행의 필요성 이야기 하기	은행의 하는 일을 설명하는 그림과 낱말 카드

<기독교 교육과정 재구성의 특징 2>

단원에서 다루어지는 주요 경제적 개념의 의미에 변화를 보인다. 재구성 전에는 학생들로 하여금 주어진 돈으로 원하는 물건을 다 살 수 없는 사실을 인지하게 한 후 따라서 개인에게 요구되는 것은 '현명한 선택'이라는 경제적 판단이 주요 개념이었다. 반면, 재구성된 교육과정에서 다루는 경제적인 개념은 '잘 갖게 하기 위한 현명한 선택'이 아니라 '갖고 싶은 것을 다 갖지 않아도 느낄 수 있는 자족감'에 초점을 맞춘다. 갖고 싶은 것들의 목록을 작성해보게 하는 차시의 주요 활동은 재구성 전후에서 볼 때 달라진 점이 없다. 다만, 재구성 전에는 그 활동 후에 가지고 싶은 것들이 그렇게 많지만 다 가질 수 없는 것이 무한한 욕망과 제한된 자원이기 때문에 합리적으로 생활하기 위해서는 현명한 선택을 하는 것이 필요하다고 결론짓는다. 반면 재구성된 교육과정에서는 가지고 싶은 것들을 다 갖지 못하는 이유로 학생들이 찾아 발표하는 이유들 중에서 '부모님께서 허락하시지 않기 때문', '돈으로 살 수 없는 것이기 때문'과 같은 것들에 집중하며 '다 갖지 않고 머무는 마음'의 바탕에 '부모님께 대한 순종'과 '돈으로 가치를 따질 수 없는 것'이 있다는 것을 인지하게 하고, 더 나아가 그것의 귀중함을 나누어 본다. 그리고 더 나아가 '이미 갖고 있는 것'의 목록을 작성해보고 그것에 감사하는 마음을 의식해보게 하는 활동을 한다.

<재구성 전>

차시	학습내용 및 활동
1-2	◎ 현명한 선택 ▶ 현명한 선택이란? : 가지고 싶은 것은 많지만 모두 가질 수 없을 때 가장 최선의 선택을 하는 판단(끝없는 욕망과 한정된 자원 때문에) ▷ 1000원의 행복 - 내가 천원을 의미있게 사용할 수 있는 방법은? ▷ 만약 나라면? - 나에게 35만원이 주어진다면 어떤 물건을 살지 생각해 보기 - 6종류의 물건 중 한 가지 또는 두 가지를 선택하기 - 왜 그러한 선택을 했는지 이유 생각해 보기 ◎ 끝없는 욕망과 한정된 자원 ▶ 인간의 욕망은 끝없는데 반해 자원은 한정되어 있어 현명한 소비생활이 필요함 ▷ 가지고 싶은 것들 - 분단별로 반전지에 가지고 싶은 것을 모두 적는다. - 가지고 싶은 것들 중에서 다섯 가지를 고른다. - 모두 가질 수 없는 이유를 찾아본다.

<재구성 후>

차시	학습 내용 및 활동	자료 및 유의점
1-2	◎ 갖고 싶은 것도 많지만 이미 갖고 있는 것도 많아요. ▶ 하나님께서는 인간에게 필요한 것을 주시는 분이신 것을 알고, 가진 것에 대해서는 감사하며 누리고, 가지지 못한 것에 대해서는 인정하고 순종한다. ▷ 가지고 싶은 것들 생각해보기 - 모둠별로 반전지에 가지고 싶은 것의 목록 만들기 - 목록으로 만든 것을 모두 가질 수 없는 이유 생각해서 발표하기 ▷ 가지고 있는 것들 생각해보기 - 현재 가지고 있는 것들 살펴보기 - 살펴본 것들에 대한 마음 나누기(만약 그것들이 없었다면 어떨까요?) - 가지고 있는 것들에 대해 가져야 하는 마음 찾아보기	반전지, 사인펜, 색연필 모두 가질 수 없는 것을 인정하는 마음의 바탕에 순종과 자족하는 자세가 있음을 일깨워준다. 가지지 못한 것에 집중하여 불만스럽게 사는 것 보다 가지고 있는 것들에 대해 감사하면서 누리는 것을 하나님께서는 더 기뻐하신다는 것을 확인한다.

<기독교 교육과정 재구성의 특징 3>

단원에서 다루는 주요 경제적 개념의 의미에 확장을 보인다. 개인 경제 영역에 있어 '현명한 선택'을 위해서 요구되는 것 중의 하나가 '현명한 지출'이다. 이에 대한 개념이 재구성 전후를 비교할 때 그 범위가 확대된 것을 볼 수 있다. 재구성 전에는 '현명한 지출'을 '어떤 목적을 위하여 현명하게 소득을 사용하는 것으로서 주어진 소

득에 맞게 지출하는 것이고, 이를 위해 가정의 구성원에게 꼭 필요한 물건을 사는 것'이라고 정의하고 있다.

반면, 재구성된 교육과정에서는 기존의 개념에 '나와 가족 외에 이웃에게 필요한 것을 사는 것'으로 정의함으로써 현명하게 지출하기 위하여 꼭 지출하는 필요의 대상에 '이웃'을 포함시키고 있다. 이 같이 그 대상을 이웃까지 확대함으로써 개인 경제 영역의 본 단원 개념을 지역 경제와 통합시키는 결과를 보이고 있다. 이와 같은 확대된 개념은 별도의 추가적인 차시를 하나 더 구성함으로써 '기부'와 '나눔'의 태도가 개인 경제의 특권이자 의무임을 배울 수 있도록 구성하고 있다.

<재구성 전>

차시	학습내용 및 활동
7	◎ 가정의 살림살이 ▷ 펑펑가족과 소금가족의 역할극하기 - 펑펑가족: 사치스러운 지출을 하는 가정의 모습 - 소금가족: 지나치게 절약하는 가정의 모습 - 두 가정의 역할극하기 - 두 가정의 문제점을 찾고 현명한 지출에 대해 생각해 보기 ▶ 현명한 지출이란? : 어떤 목적을 위하여 현명하게 소득을 사용하는 것 : 주어진 소득에 맞게 지출을 하는 것 : 가정구성원에게 꼭 필요한 물건을 사는 것

<재구성 후>

차시	학습 내용 및 활동	자료 및 유의점
6	◎ 현명한 가계 지출 ▶ 현명한 가계 지출이란 주어진 물질을 낭비하지 않고 꼭 필요한 것에 소비하는 것, 이웃과 나누는 것이다. • 현명한 지출이란? - 나와 가족과 이웃이 꼭 필요한 것을 구입하는 데 사용하는 것 - 주어진 소득에 맞게 지출하는 것 ▷ 펑펑가족과 소금가족의 역할극하기 - 펑펑가족: 사치스러운 지출을 하는 가정의 모습 - 소금가족: 지나치게 절약하는 가정의 모습 - 두 가정의 문제점을 찾고 현명한 지출에 대해 생각해 보기	역할극 상황 설명 카드 내용 정리 카드(현명한 지출)
12	◎ 올바른 경제관 ▶ 우리가 가진 것은 하나님께서 주신 것이므로 청지기적인 마음으로 관리하며 나와 가족, 그리고 도움을 필요로 하는 사람들을 위해 사용한다. ▷ 돈을 성경적으로 관리했던 사람들에 대해 알아보기 - 내가 생각하는 부자에 대해 이야기 나누어 보기 - 헨리포드, 존 록펠러, 찰스 린드버그의 공통점 찾아보기 - 돈은 어디에서부터 얻게 되는지, 어떻게 관리하고 쓰는 것이 좋을지 생각해보기 ▷ 1000원의 행복 - 천원을 의미있게 사용할 수 있는 방법을 생각하여 표현해보기	성경적으로 돈을 관리했던 부자들 관련 책과 사진 1000원짜리 모형 돈, 반전지, 사인펜

3. 기독교 교육과정개발의 의미

한 기독교 초등학교의 기독교교육과정 재구성과 적용과정을 보고하고 교육과정 재구성 결과물을 제시하였다. 이러한 과정은 단위초등학교의 기독교교육과정 개발에 대해 다음과 같은 점을 시사한다.

1) 기독교교육과정 재구성은 교육과정개발전략에 교육내용을 단순히 대입하듯 하는 단선적이고 기계적인 적용이 아니라는 점이다. 그것은 실제로 기존 교육의 실행에 배어있는 잘못된 신념을 분별하고 교사자신이 가지고 있는 이원론적인 사고에 대해 계속적인 인식과 경계를 먼저 필요로 하였다. 그리고 단위학교 교육과정재구성은 교사의 기독교세계관에 대한 인식의 성장에 맞추어 점진적으로 개선되어가는 계속적인 작업이었다.
2) 기독교 교육과정 개발전략은 기독교교육과정 개발이론뿐 아니라 일반교육과정개발전략들도 사용되어질 수 있다. 특히 교육과정 숙고(deliberation)모델은 의미있는 기여를 하였다. 즉 기존의 교육과정의 문제를 파악하고 개발을 위해 정강(platform)을 만드는 일은 기독교교육과정개발의 출발이 되었다. 기독교교육과정 개발전략은 각각의 강점과 약점을 가지고 있었다. 오버만과 존슨(Overman & Johnson)의 전략은 수업차시안을 중심으로 적용하도록 되어 있어서 기독교세계관적용이 비교적 쉽고 간단히 이루어질 수 있도록 구조화 되어있는 반면 전체 단원에 대해 조망하기에는 불편하도

록 되어 있었다. 한편 브루멜른(Brummelen) 전략은 단원전체를 조망할 수 있도록 되어 있지만 각 수업에서 보다 명확히 성경과 연결지을 수 있도록 안내되어지기는 어려운 점이 있었다. 그리고 이 두 모형은 함께 단원개관과 이에 따른 차시안 개발에 함께 사용되어질 수 있었다.

3) 전체 학교교육과정 재구성을 위해서는 먼저 최소화할 것, 확장할 것 그리고 첨가할 것을 결정하는 것이 필요하다. 그러므로 기독교교육과정 재구성을 위해서는 교육과정이 하나의 세계관임을 인식하고 학교전체교육과정을 조망할 수 있는 통찰력을 필요로 한다. 그러나 교사교육에서 교육과정을 구성하고 조망할 수 있는 능력을 개발하기보다는 교육과정 전달자로서의 훈련에 주력하고 있어서 이러한 교육을 받은 기독교사들이 이 부분을 수행하기가 쉽지 않다. 따라서 기독교사들이 교육과정전체를 조망할 수 있는 통찰력을 키우는 것이 필요하리라고 본다.

4) 기독교교육과정 운영에 있어서 성경과목은 전체교육과정에서 기초로 가르쳐져야 한다. 이를 통해 교과를 통해 기독교 세계관을 가르치는 수고와 교과내용에 심도있게 접근하지 못하는 잘못을 저지르지 않도록 해야 한다.

5) 교육과정은 교사변화에 의한 산물이었다. 그리고 이러한 교사의 변화는 거듭되는 교육과정재구성 과정을 통해 이루어지고 있었다. 따라서 교육과정재구성은 매우 중요하다. 그러나 그것은 완벽한 교육과정을 가지기 위한 것을 목적으로 하기보다는 최선의 교육을 위해 향해가는 하나의 과정으로

보아야 한다. 우리가 교육과정개발에 임할 때, '완벽하게 기독교세계관을 적용한 teacher-proof 교육과정'이라는 정답이 기독교학교교육의 회복을 담보할 것이라는 생각은 또 하나의 이원론적 사고에 묶이는 결과를 낳는다. 왜냐하면 교육과정이 교육의 내용이 되어야 한다는 생각은 이성에 모든 희망을 걸고 있는 계몽주의적 생각의 발로일 수 있기 때문이다. 기독교세계관에서 교과교육과정은 교육의 다양한 측면 중의 일부로 여겨져야 한다. 그리고 교과교육의 회복도 역시 완벽한 교육과정문서를 가지는 일에서가 아니라 자신의 신앙으로 그가 가르치는 교과를 해석할 수 있는 교사를 기르는 일에 달려 있다는 인식이 우리에게 필요하다.

이와 같은 시사점은 기독교사의 재교육에서 기독교교육과정개발과 관련하여 중요한 시사를 준다. 기독교사 재교육과정에서 교사들에게는 기독교 교육과정개발전략을 익히도록 하기 보다는 자신이 수행하고 있는 교육에 배어있는 암묵적인 이원론적 사고가 무엇인지에 대한 자기반성의 기회를 더 많이 주고 보다 폭 넓게 기독교적 대안을 탐색할 수 있도록 하는 일이 우선되어야 한다. 그리고 하나님나라의 회복에 대한 소망가운데 기독교적 진리를 공적 진리로 삶에 적용할 수 있는 용기와 강한 자신감을 가질 수 있도록 해야 한다. 일반 교원교육이 역사적으로 엄격성을 더해가면서 현장위주의 교육보다 강의와 언어중심의 이론으로 대체되면서 현장전문성을 상실했던 점을(이윤미, 2005) 교훈으로 삼아 기독교사재교육은 교육과정개발이론을 전달하고 이를 적용할 수 있는 기술전달에 머

물기보다는 현장교육과 자신의 교수행위에 대한 반성적 사고를 기반으로 교육과정과 세계관에 대한 안목을 가진 교사를 기르는 일에 초점이 맞추어져야 한다.

또한 이러한 이 초등학교의 기독교적 교과교육과정 재구성사례는 '미션스쿨'의 기독교학교로서의 정체성 회복에 대해서 다음과 같은 점을 시사한다.

1) 교과교육과정 재구성에 앞서 혹은 이와 동시에 현행교육에서 잘못된 부분이 무엇인지에 대한 반성이 일어나야 한다. 즉 교과교육과정 이외에도 배어있는 이원론적 사고 혹은 세속적 가치관에 대해 검토하고 바로잡는 일이 필요하다.
2) 교육과정개발은 회개의 의지와 함께 정서적인 압박감을 다루어 나가는 일이 필요하다. 전체교사의 공감대를 형성하기 위하여는 시간을 충분히 가지는 것이 필요하고 심리적 압박감을 이겨낼 수 있기 위하여 기도와 공동체에 대한 포용과 사랑이 필요하다.

결국 미션스쿨에서 교육과정을 기독교적으로 재구성하고 실행하는 일은 인지적인 과정이라기보다는 기독교적 교육과정구성 전략이외에도 회개와 공동체의 사랑과 성령님의 인도하심을 받는 이성적 통찰력 등이 필요한 과업이다.

생각해 볼 문제

1. 현재 미션스쿨의 회복을 위해 기독교사와 행정가들이 할 수 있는 것은 무엇인가?

2. 우리 사회의 교육 문제 해결을 위하여 기독 교육자들은 어떻게 기여할 수 있는가?

참 고 문 헌

교육부(1997). 초 중등 도덕교육과정. 서울: 교육부.

국민일보. 2003.2.10.

김국환(2006). 신앙발달과 기독교교육. 서울: 한국기독교교육학회.

김봉희(1992). 한국개화기 기독교학교 교과서의 서지학적 연구. 도서관학 23장. 63-106.

김정효(2003). 아동의 가족관계를 돕기 위한 초등교사집단상담. 서울: 교육과학사.

______(2000). 교실아동의 사회적 관계. 서울: 교육과학사.

______ 외(2005). 한국근대 초등교육의 성립. 서울: 교육과학사.

______(2007). 한국교회 초기 기독교학교 교육과정. 평양대부흥운동과 기독교학교. 5, 197-218.

나장함(2005). 한국교육 5월 뉴스레터.

목회와 신학 1998, 10월호.

박상진(2006), 기독교학교교육론. 서울: 예영.

박순경(2005). 교육과정개선의 방향과 주안점 탐색, 2005 교육인적자원혁신박람회 학술세미나 자료집. 3-16.

브루멜른(1996). 교실에서 하나님과 동행하십니까. 서울: IVP.

______(2003) 디딤돌, 서울:IVP

오천석(1975). 한국신교육사. 서울: 광명출판사.

유방란(1998). 개화기 배재학당의 교육과정 운영. 교육사학연구. 제8집. 161-200.

이귀윤(1996). 교육과정연구: 전망과 과제. 서울: 교육과학사.

이윤미(2005). 교직의 전문성에 대한 역사적 고찰. 한국교육사학, 27(2), 77-110. 한국교육사학회.

이응수(1981). 한국 근대사학 설립과정을 통한 그 이념형성에 관한 연구. 인하대학교 교육대학원.

이화여자대학교 이대학보사편(2005). (이대학보 사진으로 보는)이화의 과거와 현재, 그리고 미래. 서울: 이화여자대학교 이대학보사.

이화여자대학교 사범대학 부속초등학교편(2005), 창의적 문제해결력 신장을 위한 학교교육과정. 서울: 학지사.

임일남(1981). 신민회의 교육활동에 관한 연구. 교육논총 제1장. 796-895.

정희영(2000) 기독교 유아교육론. 서울: 교육과학사.

전국 교육선교자협의회. 2003학년도 동계집회 자료집.

정상윤 편저(1974). 한국신교육백년사료. 서울: 서울문예사.
정창원(2004). 근대기 한국 미션계 학교에서 시도한 목공교육에 관한 사적 고찰. 한국교육시설학회지. 11(6), 4-12.
조연순 외(2005). 한국근대 초등교육의 발전. 서울: 교육과학사.
차석기(1993). 개화기 사립학교 교과서 분석의 연구. 한국교육문제연구소 논문집. 49-69.
최숙경, 김순희(1977). 이화학당 초창기 교과서「전톄 공용 문답」에 대하여. 한국생활과학연구원 논집. 163-222.
한국교육과정학회편(2002). 교육과정: 이론과 실제. 서울: 교육과학사.
한규원(2003). 한국 기독교학교의 민족교육 연구 '개화기를 중심으로'. 서울:국학자료원.
Damon W.(2002) Bringing in a new Era in Character education Hoover Institution Press, standford university , Stanford, CA.
Edlin, R. J.(1999). *The Cause of Christian Education,* NSW, Black Town: Open Book.
Fennema, J.(1977). 정희영 역(1997). 기독교 아동교육. 서울: 도서출판엠마오.
Francis A. Schaeffer(1968). Escape from Reason. 김영재 옮김(2006). 이성에서의 도피. 생명의말씀사.
Gaebelein, E. F.(1968). *The Pattern of God's Truth.* 이창국 역(1991). 신본주의 교육. 서울: 기독교문서선교회.
Greene, A.(2000). *Reclaiming the Future of Education.* Springs. 현은자 외 역(2000). 기독교 세계관으로 가르치기. 서울: CUP.
Haycock, R.C.(1999). *Encyclopedia of Bible Truths.* Colorado Spring:ACSI.
Kliebard, H.(1986). The struggle for the American Curriculum 1890-1958. London and Boston: Routledge & Kegan paul.
Kliebard, H. M.(1995). *The Struggle for the American Curriculum* 1893-1958 (2nd ed.). New York: Routledge.
Lickona(1996) 인격교육론. 서울: 백의출판사.
McNEIL(1977). Biblriographical essay. Curriculum and Evaluation, ed., by A.A.Bellack and H.M. Kliebard. Berkeley, CA: Mccutchan
Nancy R. Pearcey(2004). 완전한 진리. 홍병룡 옮김(2006). 서울: 복있는사람.
Overman, C. & Johnson, D.(2003). *Making the Connections.* 김성훈 역(2007). 진리와 하나된 교육. 서울: 예영커뮤니케이션.
Sledge, Tim(1996). 가족치유, 마음치유. 정동섭 옮김. 서울:요단출판사.
Van Brummelen, H.(2002). Steppingstones to Curriculum. Colorado Springs, CO: Purposeful Design Publications.
Wiggins, G., & McTighe, J. (2004) *Understanding by Design* (2nd ed.). Alexandria, VA: Association for Supervision and Curriculum Develoment.

찾 아 보 기

[인명]

[주제]

▣ 지은이 소개

▷**김 정 효**

현 이화여자대학교 초등교육과 교수

현 이대부속초등학교 교장

서울 동북초등학교 교사

미국 오하이오 주립대학교 Ph. D.(초등교육/ 교육과정)

이화여자대학교 교육대학원 석사

이화여자대학교 교육학과 초등교육전공 학사

저서

교실아동의 사회적 관계(2000)

아동의 가족관계를 돕기 위한 초등교사 집단상담의 실제(2005)

초등교육이란 무엇인가(2005)

한국초등교육의 성립(2005)

아동리더십-인성교육의 열쇠-(2006)

세계관으로 본 교육

2009년 12월 25일 1판 1쇄 인쇄
2009년 12월 30일 1판 1쇄 발행

지은이 : 김 정 효
펴낸이 : 김 동 규
펴낸곳 : 교육과학사

지은이와 협의하에 인지생략

경기도 파주시 교하읍 문발리
파주출판문화정보산업단지 514-5
전화 (031) 955-6956~8 / 팩스 (031) 955-6037
Home-page : www.kyoyookbook.co.kr
E-mail : kyoyook@chol.com
등록 : 1970년 5월 18일 제2-73호

낙장·파본은 교환해 드립니다. 정가 10,000원

Printed in Korea. ISBN 978-89-254-0387-8